KURZE EINFÜHRUNGEN
IN DIE GERMANISTISCHE LINGUISTIK

Band 20

Herausgegeben von
Jörg Meibauer
und
Markus Steinbach

IMRE SZIGETI

Derivation

Universitätsverlag
WINTER
Heidelberg

Bibliografische Information der Deutschen Nationalbibliothek

Die Deutsche Nationalbibliothek verzeichnet diese Publikation
in der Deutschen Nationalbibliografie;
detaillierte bibliografische Daten sind im Internet
über *http://dnb.d-nb.de* abrufbar.

ISBN 978-3-8253-6795-4

© 2017 Universitätsverlag Winter GmbH Heidelberg
Imprimé en Allemagne · Printed in Germany
Druck: Memminger MedienCentrum, 87700 Memmingen

Gedruckt auf umweltfreundlichem, chlorfrei gebleichtem
und alterungsbeständigem Papier.

Den Verlag erreichen Sie im Internet unter:
www.winter-verlag.de

www.kegli-online.de

Vorwort

An dieser Stelle möchte ich mich bei Allen bedanken, die zur Entstehung dieses Buches beigetragen haben: Studenten und Kollegen verschiedener Universitäten haben mehrere Teile davon ausprobiert und kommentiert. Den Herausgebern danke ich für die Aufnahme dieses Werks in die KEGLI-Reihe. Mein spezieller Dank gebührt Jörg Meibauer (Mainz) für zahlreiche Hinweise und Verbesserungsvorschläge, die wesentlich zur Endfassung beigetragen haben.

Den Lesern wünsche ich die gleiche Freude daran, mit der ich es geschrieben habe.

Ho-Chi-Minh-Stadt/Thessaloniki, im April 2017

Imre Szigeti

Inhaltsverzeichnis

1. Einleitung: Wichtige Grundbegriffe

In der Sprachwissenschaft wird für die Morphologie gewöhnlich angenommen, dass sie (neben der Problematik der Wortartbestimmung) grundsätzlich zwei Bereiche umfasst. Der erste beschreibt die unterschiedlichen Veränderungen der Wortformen zum Ausdruck verschiedener grammatischer Relationen und wird gewöhnlich als **Flexion** bezeichnet (=Flexionsmorphologie). Der zweite Bereich befasst sich damit, wie aus bereits vorhandenen Wörtern durch einige Verfahren neue Wörter gebildet werden können (=Wortbildungsmorphologie).

Das Wort **Derivation** stammt aus dem Lateinischen und bedeutet Ableitung. Im Bereich der Linguistik wird es gewöhnlich zweideutig verwendet: (1) Es meint den Prozess, durch den aus einem vorhandenen Wort mit Hilfe von **Affixen** ein neues abgeleitet wird; (2) Es kann aber auch das Resultat dieses Prozesses bezeichnen. Für das Resultat dieser Art der Wortbildung hat sich jedoch auch der Begriff **Derivat** eingebürgert. Ganz in diesem Sinne spreche ich im Folgenden von Derivation, wenn ich den Prozess meine, und von Derivat, wenn ich das Produkt meine.

Zur Bestimmung der Derivation haben wir den Begriff des Affixes erwähnt. Dies ist ein Oberbegriff für Einheiten, die unterschiedliche Positionen in einem Wort einnehmen, aber selbst nicht wortfähig sind. In (1-3) werden die wesentlichen Positionsmuster der Affixe im Deutschen deutlich:

(1) **un**menschlich, **ver**halten, **Ab**fuhr, **be**suchen, **auf**bringen, **Miss**geburt
(2) Empfind**ung**, Find**ling**, Huster, neu**lich**, sünd**haft**, haus**ieren**, rad**eln**, Blöd**i**
(3) **Ge**lände (ge- ... -e), **ge**kauft (ge- ... -t)

In (1) erscheinen die fraglichen Einheiten vor dem Wort, das sie modifizieren, sie werden daher als **Präfixe** bezeichnet. In (2) stehen sie nach dem modifizierten Wort, in diesem Fall nennt man sie **Suffixe**. Schließlich stehen in (3) **Zirkumfixe**, Einheiten, die das modifizierte Wort umgeben. Entsprechend werden die Ableitungsprozesse, die sich dieser Einheiten bedienen als **Präfigierung**, **Suffigierung** und **Zirkumfigierung** bezeichnet.

Es ist an dieser Stelle notwendig, weitere begriffliche Klärungen auch für das modifizierte Wort vorzunehmen. Zwei Begriffe sind hier relevant, die mit Hilfe der Flexion auseinandergehalten werden können. Die **Wurzel** stellt die unflektierte Grundform eines Wortes (oder eines Lexems) dar, die immer als eine einfache (sprich: nicht komplexe) Einheit erscheint. Demgegenüber kann ein **Stamm** auch komplex sein und er ist immer die Basis für Flexion. Die Relation zwischen Stamm und Wurzel kann man also auf die Formel bringen: Jede Wurzel ist ein Stamm, aber nicht alle Stämme sind Wurzeln. Man beachte, dass Stammformen je nach Wortart unterschiedlich sein können. Zur weiteren Klärung nehmen wir folgende Beispiele:

(4) Empfindlichkeit-en > [[[empfind $_V$]+lich $_A$]+keit $_N$] -en
(5) a. Ich empfinde diese Frau als lästig.
     b. die empfindliche Haut   c. die Empfindlichkeiten eines Mannes
(6) Haustür (komplexer Stamm aus *Haus* und *Tür*)

In (4) ist die Endung *-en* ein Beispiel für Flexion (Plural). Die in eckigen Klammern gesetzten Einheiten sind demgegenüber jeweils als Stämme anzusehen: Der minimale Stamm in *Empfindlichkeit* ist *empfind*, der im Sinne der oben gegebenen Definition auch die Wurzel darstellt (synchronisch wird er als nicht-komplex wahrgenommen). Wie man sieht, unterstützt (5a) diese Einordnung. (5b) zeigt im zweiten Schritt, dass *empfindlich* auch als Stamm gilt (bestehend aus *empfind* und dem Suffix *-lich*), da es adjektivische Flexionsendungen tragen kann. Ähnlich verhält es sich mit *Empfindlichkeit(en)* in (5c): Der komplexe Stamm *empfindlich* wird hier um das Suffix *-keit* erweitert (und dadurch nominalisiert), was die Anschließbarkeit der nominalen Flexion ermöglicht. Die Kategorisierung der einzelnen Teile des komplexen Wortes erfolgt in der Regel durch tiefgestellte Indizes vor dem schließenden Klammerteil. Ein zusammengesetztes Wort wie etwa *Haustür* in (6) stellt einen komplexen Stamm dar, der aus den zwei Wurzeln/Stämmen *Haus* und *Tür* besteht.

Wie man unschwer erkennt, entsteht durch die Übereinstimmung von Wurzel und Stamm auf der Ebene des minimalen Segments eine gewisse Konfusion, wenn man die beiden Größen klar auseinanderhalten will. Um Konfusionen dieser Art vorzubeugen, werden wir im Folgenden Stamm und Wurzel auch notationell unterscheiden. Stämme werden durch einen tiefgestellten Strich nach dem fraglichen Wort gekennzeichnet (die quasi die fehlende Flexion andeutet), während die Wurzel ohne diesen Strich erscheint. Somit stehen beispielsweise *empfind*, *Haus* oder *haus* für die Wurzeln und *empfind__*, *Haus__* oder *haus__* für die jeweiligen Stämme. Die nicht-groß geschriebene Variante von *Haus* soll hier dem Unterschied zwischen dem nominalen und dem verbalen Stamm Rechnung tragen, vgl. etwa den Unterschied zwischen *haus__* etwa für *hausieren* und *Haus__* für *Hause* oder *Häusern*. Wenn eine solche Unterscheidung im gegebenen Kontext keine Rolle spielt, wird die klein geschriebene Variante verwendet.

Ohne Anhaltspunkte ist es nicht immer einfach, die Wurzel eines Verbs zu bestimmen. In der linguistischen Literatur hat sich daher eingebürgert, denjenigen Stamm als Wurzel des (einfachen) Verbs zu betrachten, der in der 2. Person Plural Indikativ Präsens erscheint, vgl.

(7) a. ihr find-et   (Wurzel: *find*)
     b. ihr woll-t   (Wurzel: *woll*)
     c. ihr mög-et   (Wurzel: *mög*)

Daten wie in (4-5) und (7) machen uns auf eine weitere Unterscheidung aufmerksam. Suffixe wie *-en* in (4) und (5c), *-e* in (5b) oder solche wie *-et* in (7a,c) deuten grammatische Kategorien wie etwa Mehrzahl, Person und Numerus an. Solche Suffixe werden im weitesten Sinne **Flexionssuffixe** genannt und sie stellen Gegenstand der Flexionsmorphologie dar. Suffixe wie *-lich* oder *-keit* und Präfixe wie *un-* oder *ver-* in (1) haben demgegenüber eine andere Funktion: Sie bilden aus einem bereits vorhandenen Wort ein zweites. Hierbei können sie auch die Wortart des Ausgangswortes – diese wird unabhängig von der Wortart in Frage ausschließlich Basis genannt – verändern. Suffixe dieser Art werden als **Wortbildungsaffixe** bezeichnet (kurz auch WB-Affixe). Sie sind Gegenstand der Wortbildungsmorphologie.

Aus diesen Ausführungen dürfte klar geworden sein, dass der Größe *Stamm* im morphologischen Bereich eine sehr wichtige Rolle zukommt. Auch Verben, Nomina und Adjektive können unterschiedliche Stämme haben, die mit unterschiedlichen Funktionen verbunden sind. Verben können bis zu fünf unterschiedliche Stämme haben (vgl. etwa: *befehl__*, *befiehl__*, *befahl__*, *befähl__* und *befohl__* bei Eisenberg (2006: 221)), während Nomina und Adjektive in der Regel zwei Stämme haben, deren Unterscheidung mit der Distinktion Flexion-Derivation parallel verläuft.

Aufgabe 1: Oben wurde gelten gemacht, dass der Stamm eines Wortes immer als die Basis für die Flexion verstanden wird. Untersuchen Sie vor dem Hintergrund der Daten in (4-5) und (7) das flexivische Verhalten der Verben *fahren*, *sagen* und *finden*! Stellen Sie fest, wie viel und welche Stämme diese Verben haben! Wenn nötig, ziehen Sie zusätzliche Daten heran.

Aufgabe 2: Flektierende Sprachen (wie die meisten indoeuropäischen Sprachen) bedienen sich gerne der Stämme (etwa in Gegensatz zu den agglutinierenden Sprachen wie Türkisch oder Ungarisch, die Wurzeln bevorzugen). Das Neugriechische stellt ein Paradebeispiel in dieser Hinsicht dar. Finden Sie die unten vorkommenden Stämme der neugriechischen Verben *vlepo* (sehen) und *leo* (sagen), wenn folgende Daten gegeben sind (in den drei letzten Sätzen sind die Nebensätze relevant):

Vlep-o to vivlio tou patera mou
seh-1/Sg art Buch-acc art-gen vater-gen mein
‚Ich sehe das Buch meines Vaters.'

Eid-es to vivlio afto;
seh-Prät-2/Sg art Buch-acc dies-nt-acc
‚Hast du dieses Buch gesehen?' (wörtlich: Sahst du dieses Buch?)

Panda ithela na se d-o
immer woll-Prät-1/Sg subj du-acc seh-1/Sg-prf
‚Ich wollte dich immer (schon) sehen.' (subj=Subjektiv-Marker)

Ti eip-es, pote tha eidoth-oume;
was sag-Prät-2/Sg wann Fut seh-wir-uns
‚Was sagtest du, wann werden wir uns sehen?'

Prepei na sou p-o oti eid-a to vivlio sou
muss-3/Sg subj du-D sag-1/Sg-prf dass seh-Prät-1/Sg art Buch-acc-dein
‚Ich muss dir sagen, dass ich dein Buch gesehen habe.'

Die Basen der unterschiedlichen Bildungen können mitunter verschiedene Formen annehmen, die auf subtile Art und Weise von der Art des Wortbildungsprozesses abhängen. Die kursivierten Teile in den folgenden Beispielen verdeutlichen dies, vgl.

(8) a. *mensch*lich, *menschen*würdig, *mensch*eln, *Menschens*kind
    b. China, *Chin*ese, *Chinesen*tum, *Chin*ologie

In (8a) sehen wir drei unterschiedliche Formen von *mensch__*. In den Derivaten *menschlich* und *menscheln* finden wir eine Art Grundform vor (*mensch*), während in den zusammengesetzten Wörtern *menschen* und *menschens* auftreten. Bei Fremdwortbasen gibt es eine noch größere Formvarianz. Das Basiswort *China* wird in den unterschiedlichen Derivaten unterschiedlich realisiert, als *Chin* in *Chinese*, *Chinesen* in *Chinesentum* und als *Chino* in *Chinologie*. Alle diese Varianten stehen klarerweise in einer paradigmatischen Beziehung zu einander. Das führt zur Auffassung, dass die jeweiligen Stämme eine potenzielle Menge anderer Wortformen vorgeben, die mit diesen kompatibel sind. Diese nennt Eisenberg (2006: 29) **Stammparadigmen** der Basen. Wir halten diese Bezeichnung für ein wenig irreführend, weil sie nahelegt, dass die Einzelformen mit einer jeweils paradigmatisch möglichen Form der Basis korrespondieren (müssen). Dies ist bereits in Fällen wie (8a) nicht zutreffend, weil es keine paradigmatisch mögliche Form *Menschens* von *Mensch__* gibt. Noch weniger träfe aber diese Vorstellung für Daten wie in (8b) zu. Man kommt zu einer Klärung, wenn man die Stellung der Verbindungselemente zwischen Basis und Zweitglied betrachtet. Diese werden **Fugenelemente** (oder einfach auch Fugen) genannt. Im Sinne von Fuhrhop (1996) sind manche dieser Fugen paradigmatisch, da sie eine paradigmatisch mögliche Form der Basis darstellen. Insofern wäre also -*en* in *menschen* (s. *menschenwürdig*) eine paradigmatische Fuge und -*ens* in *menschens* (s. *menschenswürdig*) eine nicht-paradigmatische. Ähnlich wäre in (8b) das -*en* in *Chinesen* (s. *Chinesentum*) die einzige paradigmatische Fuge. Betrachtet man jedoch das Paar *China* – *Chinese*, müssten wir eine Art Stammreduktion von *China* auf *Chin* annehmen. Für all diese Beispiele steht jedoch fest, dass a) die fraglichen Einheiten zum Erstglied (also zur Basis) gehören und b) ein funktionales Dasein führen, das darin besteht, zwei Elemente miteinander zu verbinden (sie tragen nicht zur Bedeutung bei). Aus diesen Gründen werden wir im Folgenden davon ausgehen, dass Basen und ihre durch Fugen erweiterten Formvarianten umgebungsbedingte Varianten (=**Allomorphe**) des gleichen Stammes sind. Dementsprechend weist etwa *mensch__* die Allomorphe *menschen*, *mensch* und *menschens* auf. Auf ähnliche Art und Weise können wir bei jedem Wortbildungsprodukt die einzelnen Formen des jeweiligen Allomorphs ausmachen.

Wir haben bislang herausgestellt, dass sich die Derivation zweier Kategorien bedient, Affixe und Stämme. Daten wie in (9) legen jedoch nahe, dass wir (mindestens) eine weitere Kategorie brauchen:

(9)   *therm*isch, *Bio*nik, *endotherm*, *Techn*o

Die kursivierten Elemente in (9) werden in der Regel **Konfixe** genannt. Das sind Wortteile (Morpheme), die nur gebunden vorkommen (wie Affixe) und selbstständig nicht flektierbar sind (Barz (2006: 665) nennt diese Eigenschaft Nicht-Wortfähigkeit). Sie tragen eine Bedeutung (wie Stämme auch), unterliegen aber bestimmten Einschränkungen hinsichtlich ihrer Kombinierbarkeit und weisen keine Wortartmarkierung auf. Während sich Stämme prinzipiell sowohl mit Präfixen als auch mit Suffixen verbinden, können Konfixe nie mit Präfixen kombiniert werden. Sie fungieren häufig als Basen (wie *therm* in *thermisch* oder *techn* in *Techno*), können jedoch positionsvariabel sein wie der Kontrast zwischen *thermisch* und *endotherm* zeigt. Mit Stämmen und anderen Konfixen zusammen bilden sie Komposita (vgl. *endo-therm*), mit Suffixen leiten sie Derivate ab (vgl. *technisch*, *Bionik*, *Techno*). Die meisten Konfixe sind fremder Herkunft, entlehnt aus dem Griechischen oder Lateinischen (heutzutage zunehmend auch aus dem Englischen). Sie spielen eine wichtige Rolle in der Fremdwortbildung, zumal es eine kleine Anzahl nativer Konfixe gibt, die aber alle sehr eingeschränkt vorkommen (*stief* in *Stiefvater*, *Stiefmutter*, *Stieftochter* oder *stiefmüttern* oder *zimper* in *zimperlich*, *Zimperliese* wären gute Kandidaten in dieser Hinsicht).

Aufgabe 3: Eisenberg (2006) macht geltend, dass es neben Stämmen, Affixen und Konfixen auch eine weitere wortbildungsrelevante Kategorie gibt. Diese nennt er den **morphologischen Rest**. Den Rest können Sie identifizieren, wenn Sie eine Stamm-Affix-Konfix-Analyse etwa der folgenden Wörter vornehmen:

a. Lösegeld, Bräutigam, (den) Hohenpriester, Klebestift, Streifen, Asiat
b. semanto-pragmatisch, schnellstmöglich, unbedarft

Tragen Sie nach dieser Identifizierung durch Kontrastierung mit geeigneten Zusatzdaten zusammen, welche Eigenschaften der morphologische Rest im Vergleich zu den drei Vorgängerkategorien aufweist.

Aufgabe 4: Finden Sie die Allomorphe der jeweiligen Basen, wenn folgende Beispiele gegeben sind:

a. Kraft – kräftig – kräftigen, Angst – ängstigen, Pein – peinigen – peinlich
b. Buchstabe – buchstabier(en), Haus – hausier(en) – häuslich, Schema – schematisier(en), identisch – identifizier(en)

Wenn man die Daten in (1-3) näher betrachtet, fallen gewisse Unterschiede auf, was die Frequenz und Verwendung von Affixen angeht. So haben wir in (1) unterschiedliche Präfixe im Hinblick auf die Verwendung des jeweiligen Wortes in einem Satz. Das Präfix *auf* in *aufbringen* kann beispielsweise vom Stamm getrennt werden und eine andere Position im Satz einnehmen als das Verb *bringen* (vgl. Kap. 3.4 unten). Im Gegensatz dazu werden Präfixe wie *be-* oder *ent-* nie getrennt von ihren Basen. Und mehr noch: Präfixe wie *be-* und *ver-* können wir zwar mühelos als solche identifizieren, wir hätten jedoch große Schwierigkeiten, wenn wir ihren Bedeutungsbeitrag zum komplexen Wort bestimmen sollten. Im Falle von *ent-* oder *auf-* ist dies wesentlich einfacher. Dabei ist es möglicherweise so, dass ursprünglich auch *be-* und *ver-* einen Bedeutungsbeitrag hatten, der aber mit der Zeit verblasst ist. Man drückt dies so aus, dass solche Präfixe mit ihren Stämmen zusammen in einer bestimmten Bedeutung lexikalisiert wurden. Das führt auch dazu, dass wir diese Präfixe zusammen mit dem Verb als eine Einheit betrachten.

In diesem Zusammenhang müssen wir auf die Unterscheidung zwischen **usuellen** und **okkasionellen Bildungen** hinweisen. Okkasionelle oder Gelegenheitsbildungen sind solche, die in einer bestimmten Situation einmal gebildet wurden und nicht mit einer festen lexikalischen Bedeutung verbunden sind. Diesen stehen die usuellen Bildungen gegenüber, die eine fest verankerte lexikalische Bedeutung aufweisen. Neubildungen sind zunächst immer okkasionell bis sie eine feste lexikalische Bedeutung erlangen. Motsch (2012: 18ff.) beschreibt das gleiche Phänomen durch die Unterscheidung zwischen aktiven und inaktiven WB-Mustern. Unabhängig von der Terminologie gibt die Untersuchung der Daten in diesem Sinne Aufschluss darüber, wie Wortbildungsregeln funktionieren und ist daher für jede Wortbildung von besonderem Interesse.

Man kann die Affixe in (1-3) auch danach beurteilen, inwieweit sie die Ableitung von neuen Wörtern vorantreiben, d.h. ob sie zur Bildung neuer Wörter beitragen. In diesem Sinne sprechen wir von **Produktivität** eines Wortbildungsmusters oder eines Affixes. Zur Beurteilung der Produktivität eines Wortbildungsmusters werden gewöhnlich zwei Kriterien herangezogen. Das erste betrifft die vorhandenen Restriktionen in Bezug auf die Formstruktur und der Bedeutung (Semantik) der Bestandteile. Sofern die Restriktionen gering sind, d.h. das Wortbildungsmuster arbeitet mit den kleinstmöglichen Einschränkungen, ist das ein Zeichen für die Produktivität des WB-Musters. Das zweite Kriterium hat zu berücksichtigen, ob das gegebene WB-Muster zu großen Mengen von Neubildungen benutzt wird.

Suffixe (und Präfixe) sind häufig **polysem**, d.h. sie leiten oft mehr als eine Lesart des WB-Produktes ab. Die Produktivität betrifft dabei nicht das Affix an sich. Vielmehr kann jede abzuleitende Lesart durch Produktivität beeinflusst sein. Einige Beispiele sollen hier genügen. Es wird gewöhnlich angenommen, dass *-er* und *-ung*-Nominalisierungen im Deutschen (hoch)produktiv sind. Dies trifft jedoch nicht für jede ihrer Lesarten zu. So sind die Kollektiv- und Instrumentalbildungen der *-ung*-Nomina – man denke an Beispiele wie *Bedienung* und *Ausrüstung* – weniger (bis un)produktiv als solche mit Ereignis- oder Objektlesart (vgl. *Erfindung*). Einerseits erkennt man die eingeschränkte Produktivität daran, dass die WB-Produkte im ersten Fall in einer Bedeutung lexikalisiert sind, andererseits spricht die häufige Ambiguität zwischen Ereignis- und Objektlesart im zweiten Fall dafür, dass die Produktivität nicht oder wenig eingeschränkt ist. Noch weniger eingeschränkt als die Bildung von *-ung*-Nomina ist die Bildung von substantivierten Infinitiven. Ein anderes Beispiel stellt der Fall der *-ling*-Derivate dar. Diese können Substantive, Verben, Adjektive und Numerale als

Basen aufweisen (vgl. *Tintling* (=Pilzart oder ein Tätovierter), *Findling*, *Schönling* und *Vierling*). Ihre Produktivität ist jedoch nicht auf diese Weise beeinflusst, sondern eher semantisch-pragmatisch. So erzeugt im Sinne von Eisenberg (2006) das einzige produktive Muster der *-ling*-Derivation Wörter mit pejorativ-abwertender Konnotation (*Emporkömmling, Eindringling, Weakling*). Eine Einschränkung durch die Basiskategorie liegt dagegen z.b. bei Adverbien vor: *-erweise* und *-weise* sind hier die einzig produktiven Suffixe, wobei erstere mit adjektivischer (vgl. *klarerweise*), letztere mit substantivischer Basis (vgl. *vorzugsweise*) denkbar sind (vgl. Altmann & Kemmerling 2000). Ähnlich liegt eine Basisrestriktion bei *miss*-Präfigierungen vor, sie sind nur mit verbaler Basis produktiv.

Zwei weitere Begriffe sind noch in diesem Zusammenhang zu erwähnen: **Blockierung** und **potenzielles Wort**. Beide reflektieren, wenn auch auf unterschiedliche Art und Weise, eine bestimmte systematische Ökonomie des Wortschatzes. Blockierung (auch lexikalische Blockierung genannt) liegt dann vor, wenn die Bildung eines Wortes aufgrund eines existierenden Musters unterbunden wird, weil im Wortschatz bereits ein anderes Wort dafür vorhanden ist. So ist beispielsweise die Bildung von *Schwimmung* oder *Breitheit* wegen bereits existierenden *Schwimmen* und *Breite* (lexikalisch) blockiert. Potenzielle Wörter hingegen sind solche, deren Bildung durch die existierenden WB-Muster vorhersagbar und korrekt ist, diese aber von der Sprachgemeinschat nicht ausgenutzt wird.

Zum Schluss des Kapitels müssen wir auch auf Unterschiede hinweisen, die die **Motiviertheit** (auch morphosyntaktische oder morphosemantische Motiviertheit genannt) der Wortbildungsprodukte betreffen. Motiviertheit (oder: Motivation) meint, inwieweit die Bedeutung des komplexen Wortes aufgrund seiner Bestandteile erschließbar ist. Ein Wortbildungsprodukt gilt dann als motiviert, wenn es mindestens ein Teil hat, das zur Bedeutung beiträgt (vgl. Barz 2006: 650). Sofern alle Teile zur Bedeutung beitragen, sprechen wir über Vollmotivation. So wäre zum Beispiel *Studentenzeitung* als vollmotiviert anzusehen, da die WB-Bedeutung aus *Studenten* und *Zeitung* ableitbar ist. Das Letztglied *Zeitung* selbst ist hingegen demotiviert (man sagt auch: idiomatisiert), zumal seine Bedeutung nicht aus der an sich sichtbaren Gliederung in *Zeit+ung* ableitbar ist (vgl. oben zu *be-* als Erstglied). Präfixbildungen wie *ankündigen* oder *überholen* werden häufig auch als teilmotiviert aufgefasst, weil nur Einzelteile von ihnen transparent an der Gesamtbedeutung teilhaben (vgl. Altmann & Kemmerling 2000).

Die oben erwähnten usuellen Bildungen können situationsabhängig eine **Neumotivation** erhalten. Dies wollen wir am Beispiel des Wortes *Appetithemmer* erläutern. Als wohlgeformtes Wort steht *Appetithemmer* für eine Medizin, die den Appetit regeln sollte, es ist also in dieser Bedeutung usualisiert (und auch vollmotiviert). Eine Aufspaltung des Wortes in seine Bestandteile wie etwa *Hemmer des Appetits* gilt hingegen als grammatikalisch nicht wohlgeformt. Wir können uns jedoch eine Situation vorstellen, in der sich Kettenraucher über die Wirkung ihrer Zigaretten auf den Appetit austauschen. In einer solchen Situation kann jemand ohne weiteres den Satz *Diese Zigarette ist der beste Hemmer des Appetits (den ich kenne)* äußern. *Hemmer* wurde auf diese Weise durch Neumotivation an die Situation angepasst. Es gibt aber auch Wortbildungsmuster wie etwa **Wortkreuzung**, die immer eine Neumotivation der Bestandteile erfordern. Die Bedeutung von Wortkreuzungen wie *Psychoanalüge* kann korrekt nur erschlossen werden, wenn man die Bestandteile *Psychoanalyse* und *Lüge* in Bezug auf das neue Wort motiviert (oder die Neumotivierung im Kontext erkennt).

Grundbegriffe: Flexion, Derivation, Derivat, Wurzel, Stamm, Affix, Konfix, Stammparadigma, Fugenelement, Allomorph, Flexionsmorphologie, Wortbildungsmorphologie, Neumotivation, Blockierung, Produktivität

Weiterführende Literatur: Zum Begriff der Derivation s. Lieber & Štekauer (2014b: 3f.); die obigen Grundbegriffe sind in jeder gängigen Grammatik nachzulesen, s. als Beispiel DUDEN Die Grammatik (2006); zur Stellung der Derivation innerhalb der Morphologie vgl. auch Meibauer et al. (2007); auch systematische Wortbildungslehren wie etwa Erben (2000) oder Lohde (2006) können eine große Hilfe sein.

2. Suffigierung

Wie wir oben gezeigt haben, ist Suffigierung – also die Derivation mit Hilfe von Suffixen – ein wesentliches Wortbildungsmuster des Deutschen. Komplexe Lexeme entstehen unter anderem durch Anfügen eines Suffixes an ein Stamm-Morphem (oder an eine Morphem-Kombination). In diesem Kapitel wollen wir uns nun dieser Art der Derivation zuwenden.

2.1 Vorbemerkungen

Suffigierungen bereichern vor allem den nominalen Bereich. Das ist so zu verstehen, dass die abgeleitete Zielkategorie zumeist ein Nomen oder ein Adjektiv ist. Man hat zwar einige Verbalmuster, wie etwa *-ieren* oder *-(l)n*, diese sind jedoch alles andere als hochproduktiv und erscheinen relativ eingeschränkt, dafür dienen aber Verben sehr häufig als Basen. Andere Wortarten wie Adverbien oder Pronomina als Zielkategorien der Ableitung sind eher sporadisch zu finden (vgl. jedoch Barz 2006: 769ff.).

Suffixe können Derivate ableiten, deren Wortartmarkierung sich von der der Basis unterscheidet. Dies bedeutet, dass Suffixe im Hinblick auf ihre Rolle in der Wortbildung grundsätzlich zwei Gruppen aufweisen, die Gruppe der kategorienerhaltenden und die der kategorienverändernden Suffixe. Dabei können einige Suffixe basisabhängig beide Funktionen wahrnehmen (wie z.B. *-haft* kann die Kategorie (Wortart) verändern wie in *bildhaft* ($< bild_N$) und *wohnhaft* ($< wohn_V$), oder nicht wie in *wahrhaft* ($<wahr_A$)).

Hier müssen wir eine Bemerkung technischer Art machen. Die Zeichen < und > werden in diesem Buch im Einklang mit der Fachliteratur benutzt. Die nach rechts offene Klammer wird im Sinne von *„geht zurück auf"* oder *„basiert auf"* verwendet. So wird beispielsweise oben das Adjektiv *bildhaft* aus der nominalen Basis *bild_N* gebildet. Umgekehrt, steht vor der nach links offenen Klammer immer die Basiskategorie des Derivats, wie etwa in $V > N$, die besagt, dass das Nomen aus einem Verb gebildet wurde. Da sich die beiden Notationen perspektivisch unterscheiden, werden wir beide kontextabhängig benutzen.

Die Anzahl der nativen Wortbildungssuffixe des Deutschen ist nicht sonderlich groß: man rechnet hierbei mit kaum mehr als zwei Dutzend Suffixen (vgl. etwa Barz 2006: 731ff.), die unterschiedliche Grade der Produktivität aufweisen.

2.2 Kategorienverändernde Nominalisierung

Eines der meistverbreiteten aber heute nur begrenzt produktiven Suffixe ist das Suffix *-e*. Es ist ein kategorieveränderndes Suffix und leitet feminine Nomina ab. Typische Basiskategorien für dieses Muster sind Verben und Adjektive, wie man in (1) sehen kann:

(1) a. *Bleib*e, *Ansag*e, *Fähr*e, *Säg*e
    b. *Dicht*e, *Höh*e, *Güt*e, *Schnell*e

Die semantische Breite der Derivate in (1a) ist auffallend: Abstrakta (wie *Bleibe*), momentane Handlungen (wie *Ansage*) und Instrumente oder Geräte sind gleichermaßen vertreten. Das Beispiel *Ansage* zeigt darüber hinaus, dass sich das Suffix auch mit komplexen verbalen Basen verbindet. Hierbei kann es zu Überlappungen mit **Zusammenbildungen** wie *Inanspruchnahme, Bezugnahme* oder *Vogelscheuche* etc. kommen, s. dazu weiter in Kap. 5.1.

Auf das Alter dieses WB-Musters weist erstens die Tatsache hin, dass es bei ihnen häufig Umlaut als Begleiterscheinung der Derivation gibt (vgl. *Fähre, Güte, Größe*), was bei synchron produktiven Mustern kaum vorkommt. Zweitens blockieren vor allem die deadjektivischen Derivate sonst produktive Muster der A-zu-N-Derivation, wie beispielsweise *Dichte* vorhersagt, dass es *Dichtheit* nicht geben kann.

Aufgabe 1: Einen Spezialfall der -*e*-Ableitung stellen die aus Ländernamen (also denominal) gebildeten Einwohnerbezeichnungen dar, vgl.

(i)   Schwaben > Schwabe, Rumänien > Rumäne, Schweden > Schwede
(ii)   Griechenland > Grieche, Russland > Russe, Finnland > Finne
(iii) England > Engländer, Lappland > Lappländer (aber auch: Lappe)

Diskutieren Sie diese Datenlage und deuten sie die Derivate mit Bezug auf den jeweiligen Derivationsstamm. Wie würden Sie -*en* und -*ien* in den Basen charakterisieren?

Man beachte, dass scheinbare Parallelfälle wie *(das/der) Grüne* oder *(der/die) Angestellte* nicht als Instanzen der -*e*-Derivation betrachtet werden. Der wesentliche Grund hierfür besteht darin, dass man in diesen Bildungen nicht das -*e*-Suffix vorfindet, wie einerseits das variable Genus zeigt. Andererseits gibt es Formvarianten die syntaktisch signifikant sind, vgl. *ein Angestellter* vs. *eine Angestellte* oder *der Grüne* vs. *ein Grüner (Politiker)*. Vereinzelt weichen wir sogar auf klarere Fälle aus, wenn z.B. die feminine Form mit einem Movierungssuffix gebildet wird, wie das Paar *der Beamte – die Beamtin* zeigt. Letzten Endes müsste man für diese Fälle annehmen, dass das -*e*-Suffix morphosyntaktisch konditionierte Varianten hat, die mit unterschiedlichen Genera Wörter ableiten (die noch dazu hochproduktiv sind). Das spricht eindeutig gegen seinen Status als Derivationssuffix. Eine Alternative als Konversion wird in Kap. 5.2 diskutiert.

Das Suffix -*(er/el)ei* ist polysem. Man unterscheidet in der Regel drei große Bedeutungsgruppen mit femininem Genus (vgl. Altmann & Kemmerling 2000):

(2) a. Putzerei, Gärtnerei, Bäckerei
     b. Eselei, Schweinerei, Quertreiberei
     c. Datei, Kartei

Morphologisch gesehen leitet -*(er/el)ei* Nomina aus Verben und Nomina ab, wobei die Basis einfach oder komplex sein kann. Reine Gegenstandsnomina wie in (2c) sind nicht sonderlich zahlreich, diese Lesart ist synchron gesehen unproduktiv. Die Lesart in (2b) ist pragmatisch markiert als spöttisch/abwertend und ist hochproduktiv in der Bedeutung *Verhalten wie im Basiswort genannt* (die Variante -*elei* erscheint hier als Folge der phonologischen Struktur der Basis). Schließlich finden wir in (2a) **Nomina Loci**, d.h. Ortsbezeichnungen, wo eine typische Tätigkeit ausgeübt wird.

Bei Daten nach (2a-b) ergibt sich die Frage, ob sich die Derivate als Doppelsuffigierungen aus -*er* plus -*ei* analysieren lassen. Da *Putzer, Gärtner* und *Bäcker* (und auch *Quertreiber*) alle wohlgeformte -*er*-Derivate darstellen (s. weiter unten), könnte man annehmen, dass zunächst die entsprechenden Basisverben -*er*-suffigiert werden und erst dann durch das Suffix -*ei* abgeleitet werden. Dies hätte sogar den Vorteil, dass man nur ein denominales -*ei*-Suffix annehmen sollte und kein deverbales. Folgendes gilt jedoch zu bedenken.

Erstens kann argumentiert werden, dass die Basiswörter nicht notwendigerweise das nominalisierende -*er*-Suffix aufweisen, zumal verbale Iterativbasen wie *gärtnern, eseln, bäckern* oder *schweinern* alle denkbar sind. Sofern das Suffix -*ern/-eln* hier Verben ableitet, wäre unter dieser Perspektive das deverbale -*ei* motiviert.

Zweitens muss man berücksichtigen, dass auch diese Argumentation zum Widerspruch führt. Zieht man nämlich weitere -*er*-Derivate heran, zeigt sich, dass manche von ihnen keine Iterativverben zulassen, vgl. (3b):

(3) a. Henker - henkern, Schneider – schneidern, Tischler – tischlern
     b. Vorleger - *vorlegern, Finder - *findern, Trinker - *trinkern

Daraus schließen wir, dass -*(er/el)ei* nicht als eine Folge von zwei unterschiedlichen Suffigierungsmustern aus nominalisierendem -*er* plus weiter nominalisierendem -*ei* analysiert werden sollte. Das wird übrigens auch durch die Bedeutung der Derivate nahegelegt. In Derivaten á la (2a) wird die Ausübung einer professionellen Tätigkeit angenommen (wofür ein Ort notwendig ist), während solche in (2b) erst durch die unprofessionelle Wiederholung von Tätigkeiten als spöttisch/abwertend empfunden werden. Beide haben das Prozessuale gemeinsam als Kern des Bedeutungsbeitrags des Suffixes. Es ist womöglich diese prozessuale Eigenschaft, die den Kontrast in (3) erklären kann. Basisverben, die ein einmaliges, telisches Geschehen denotieren (wie etwa *finden* oder *vorlegen*), lassen keine *-(er/el)ei*-Bildungen zu (wie sie auch keine Iterativverben ableiten können).

Es muss darauf hingewiesen werden, dass ähnliche Daten wie in (2b) unter zwei weiteren Aspekten interessieren: (a) wegen der pragmatischen Einordnung als spöttisch/abwertend stellen sie ein WB-Muster der Morphopragmatik dar (s. weiter unten) und (b) Derivate mit komplexen Basen sind auch gute Kandidaten für Zusammenbildung.

Wir kommen auf das *-er*-Suffix zu sprechen. Es gilt als eines der ältesten Suffixe des Deutschen, belegt bereits im Urgermanischen in Form von *-ārijaz* für die Ableitung agentivischer deverbaler Nomina. Neben der agentivischen Lesart der Derivate leitet das Suffix heute drei weitere Lesarten ab: (i) Objektnomina mit instrumentaler Bedeutung (**Nomina Instrumenti**), (ii) Objektnomina mit Patiens-Lesart (**Nomina Patientis**) und (iii) Resultatsnomina (**Nomina Acti**).

Die Bildung der *-er*-Derivate unterliegt wenigen Einschränkungen, die aufgrund der jeweiligen Basen erläutert werden können. So lassen sich aus folgenden Basen keine *-er*-Derivate ableiten: (a) Verben zur Bezeichnung psychischer Vorgänge wie *schmerzen*, *(sich) schämen* oder *(sich) freuen* (vgl. jedoch *erleben* oder *(sich) waschen*, wo die Derivate *Erleber* oder *Wascher* zumindest als potenzielle Wörter denkbar sind); (b) Verben mit nur einem indirekten (Dativ-)Objekt wie *auffallen* oder *gefallen* (vgl. aber *Diener* und *Helfer* als bereits lexikalisierte Bildungen) (c) Verben mit unpersönlichem Subjekt wie *bangen*, *grausen*, *ekeln* oder *regnen* und (d) ergative Verben (bei denen das syntaktische Subjekt semantisch gesehen ein Objekt ist) wie *fallen*, *erhärten* oder *sterben*. Aus diesen wenigen Ausführungen scheint klar zu sein, dass die Möglichkeit der *-er*-Derivation mit der Präsenz eines kanonischen Akkusativobjekts zusammenhängt. Dafür spricht, dass es kaum Einschränkungen für *-er*-Derivate aus transitiven Verben gibt. Zweitens werden die oben erwähnten Bildungseinschränkungen genau dann aufgebrochen, wenn ein Akkusativobjekt vorhanden ist, oder zumindest potenziell denkbar ist, vgl. *Erleber*, *Wascher* oder *Geber*. Im Falle von Verben mit einem Akkusativ- und Dativobjekt (Beispiele wie *geben* oder *nehmen*) sind die Derivate viel mehr akzeptabel, wenn sie mehrfach zusammengesetzt werden, wie etwa in *Arbeitnehmer, Versicherungsnehmer* und *Arbeitgeber, Kreditgeber,* vgl. näheres dazu in Kap. 2.7.

Die wohl häufigste Lesart der *-er*-Derivate ist auch heute noch die agentivische (sie werden daher sehr häufig **Nomina Agentis** genannt). In (4) stehen einige einschlägige Beispiele:

(4) a. Arbeiter, Henker, Schneider, Sänger
     b. Denker, Trinker, Raucher, Käufer
     c. Finder, Schnarcher, Pfeifer, Verlierer

Diese Beispiele stecken die drei großen Gruppen der agentivischen *-er*-Nomina ab: Sie reichen von den Berufsbezeichnungen in (4a) über die Nennung von habituellen „Ausübern" einer Handlung in (4b) bis zur Bezeichnung der Ausüber von okkasionellen Handlungen in (4c). Beispiele wie *Schnarcher* sind ambig zwischen einer agentivischen und einer Resultatslesart, s. dazu weiter unten.

Wie vorhin angedeutet, kann die Komplexität der Basen eine Rolle für die Grammatikalität der Derivate spielen. So sind beispielsweise *Steher* oder *Treiber* nicht von jedem Sprecher als wohlgeformte *-er*-Derivate anzusehen, während *Herumsteher* und *Kameltreiber* oder *Herumtreiber* voll akzeptabel sind.

Mit den agentivischen *-er*-Nomina konkurrieren ganz häufig Nomina Instrumenti wie *Putzer* (< *putzen*), *Schäler* (< *schälen*), *Öffner* (< *öffnen*) oder *Trockner* (< *trocknen*). Die Konkurrenz ist daran zu erkennen, dass solche *-er*-Nomina zumeist ambig sind zwischen der agentivischen und instrumentalen Lesart. Das liegt daran, dass sowohl handelnde Personen als auch Objekte mit denen man Handlungen ausführen kann, gute Kandidaten für Satzsubjekte darstellen (Szigeti (2002/2013) nennt dieses Phänomen Agens-Instrumental-Alternation inbezug auf die Subjektposition, Booij & Lieber (2004) systematisieren es als *subject-oriented -er-nominals*), vgl.:

(5) a. Thomas öffnet die Flasche. (Thomas agiert als Öffner)
     b. Dieser Öffner öffnet Bierflaschen. (Öffner als Instrument)
     c. Der Öffner soll die Flaschen öffnen. (ambig)

Eindeutigkeit der Lesarten ist einerseits kontextabhängig. Andererseits kann sie durch Linkserweiterung des Derivats erzielt werden wie etwa in *Büchsenöffner, Wäschetrockner, Pfeifenputzer* oder *Korkenzieher*. Nomina Instrumenti auf *-er* sind im technischen Bereich besonders häufig und produktiv.

Eine typische Gegenstandsnominalisierung (und somit eine Instanz des Objektschemas) stellen hingegen Nomina Patientis auf -*er* dar. Das Derivat bezeichnet in der Regel das Objekt, das von der durch das Basisverb ausgedrückten Handlung betroffen ist: Ein *Anhänger* ist zum Beispiel etwas, was man an etwas anhängt und einen *Untersetzer* setzt man unter etwas, usw. Das Muster ist nicht mehr produktiv und auch Ambiguitäten sind selten. *Anhänger* und *Vorleger* sind zwei Beispiele hierfür. Ersteres weist auch eine agentivische Lesart auf, während Letzteres sogar dreifach ambig sein kann. Es ist denkbar (a) als eine Person, die eine Vorlage macht im Fußballspiel (Nomen Agentis), (b) als ein Gegenstand und (c) auch als Bezeichnung für das Ergebnis des Vorlegens. Potenziell kann man sich jedoch auch eine Maschine vorstellen, die einem Tennisbälle vorlegt und auch als Vorleger bezeichnet werden könnte.

Es fällt bei dieser Art der -*er*-Derivation weiterhin auf, dass eine Art Lokalität mitverstanden wird, die in Paraphrasen nicht notwendigerweise erscheint, vgl.

(6) a. Türvorleger vs. */??Vorleger der Tür
  b. Tassenuntersetzer vs. der Untersetzer der Tasse

Es ist von vornherein klar, dass eine Paraphrase wie in (6b) nur kontrastiv denkbar ist. Aber auch dann wird die lokale Relation *unter* nicht notwendigerweise mit *Tasse* verbunden, obwohl dies bei *Tassenuntersetzer* vorhanden ist.

Die vierte gängige Lesart deutscher -*er*-Nomina wird traditionell Nomina Acti genannt. Wir halten an dieser Benennung fest, obwohl solche Nomina manchmal auch als Ereignisnomina bezeichnet werden (so zuletzt in Alexiadou 2014). Da sie jedoch kurzlebige Handlungen/Ereignisse oder deren Resultat bezeichnen (s. Barz 2006: 734), könnten sie höchstens als Elementarereignisse bezeichnet werden (sie weisen keine komplexe Ereignisstruktur auf), vgl.

(7) Piepser, Furzer, Huster, Schnarcher, Vorleger, Ausrutscher

Eine wesentliche Eigenschaft dieser Derivate ist, dass sie alle ambig sind zwischen einer agentivischen und der Resultatslesart (Ausnahme: *Vorleger*, s. oben). Ihre Erweiterungen zur Erzeugung von Eindeutigkeit sind informativ:

(8) a. Huster des Chefs vs. *Chef-Huster
  b. Anschnauzer des Chefs vs. Chef-Anschnauzer

Wir versuchen den Kontrast durch einen Vergleich der Basisverben *husten* und *anschnauzen* zu deuten. *Husten* ist ein intransitives Verb (wie eigentlich die meisten Basen für dieses Muster), seine einzige

Ergänzung im Satz ist das Subjekt (vgl. *Der Chef hustet*). Dagegen weist das Verb *anschnauzen* neben dem Subjekt auch ein Objekt auf (vgl. *Der Chef schnauzt seine Mitarbeiter an*). Daraus ergibt sich, dass die genitivische Konstituente *des Chefs* in (8a-b) mit dem Subjekt des Basisverbes identifiziert werden kann (traditionell wird diese Konstruktion auch **genitivus subiectivus** genannt). Vergleicht man vor diesem Hintergrund *Chef-Huster* mit *Chef-Anschnauzer*, so liegt es nahe, dass Letztere nur grammatikalisch ist, weil es (auch) eine Objektinterpretation des Erstgliedes *Chef* erlaubt.

Mit Argumentationen dieser Art verbinden sich eine Menge weitere Konsequenzen. Es ist offensichtlich von den Daten, dass das Suffix *-er* irgendeine Relation zu syntaktischen Größen wie Subjekt oder Objekt seiner Basis hat. Eine sehr verbreitete Annahme dazu ist, dass der kategorial-funktionale Rahmen des Verbs (sprich: notwendige Verbergänzungen samt Funktionsangaben für den Satz) durch das Derivat übernommen werden (dies wird in Toman (1987) als Argumentvererbung bezeichnet). Ähnlich wie im Falle des Satzes wird dann dieser Rahmen beim Nomen fakultativ, aber syntaktisch sichtbar „abgearbeitet". Dies führt zur besonderen Berücksichtigung von Rektionskomposita in der Literatur, s. dazu weiter unten.

Eine zweite Annahme betrifft den Status von *-er* selbst. Die am meisten beachtete und rezipierte Idee dazu ist, dass das *-er*-Suffix des Derivats das Subjekt des Basisverbs instanziiert (so etwa Olsen 1986). Dies mag jedoch im Deutschen höchstens für Nomina Agentis gelten (das Für und Wider zu solchen Auffassungen wird bereits in Meibauer (1995) ausführlich diskutiert, s. auch dort genannte Literatur). Eine neuere Auffassung wird in Booij & Lieber (2004) dargelegt, die eine Unterscheidung zwischen Subjekt- vs. Objektorientierte *-er*-Nomina (subject-oriented vs. object-oriented *-er*-nouns) vornimmt. Unter dieser Klassifizierung sind Nomina Agentis und Instrumenti des Deutschen als Subjekt-orientiert, während Nomina Patientis als Objekt-orientiert einzustufen. Ein Manko dieser Klassifizierung ist jedoch, dass dort die Möglichkeit von Nomina Acti nicht berücksichtigt ist (womöglich wegen des untersuchten Sprachenpaars Englisch-Niederländisch). Dabei wird diese Möglichkeit bereits in Bierwisch (1989) als Nominalisierung der verbalen Kernbedeutung vorgegeben (Paradebeispiel: Substantivierte Infinitive). Subjekt-, Objekt- und Kernbedeutung-orientierte Lesarten haben ein jeweils unterschiedliches Potenzial an ererbtem Material im Sinne der obigen Idee der Vererbung des kategorial-funktionalen Rahmens des Basisverbs. Daten wie etwa (6) und (8) kann man vor diesem Hintergrund wie folgt deuten: Das Objekt-orientierte Derivat *Untersetzer* lässt das Erscheinen von *Tasse(n)* wortextern oder wortintern zu. Das spricht dafür, dass dies als eine Art Lokalität aufgefasst wird (zumal das Basisverb *setzen* auch eine lokale Ergänzung aufweist). Nomina wie *Huster* oder *Anschnauzer* als Kernbedeutung-orientierte Derivate machen Subjekt- oder Objektkonstituenten des (basis)verbalen Rahmens beim Nomen möglich.

Das wohl heute produktivste Muster der deverbalen Nomina stellt die *-ung*-Suffigierung dar. Die Derivate werden überwiegend aus transitiven Basen unterschiedlicher Komplexität gebildet:

(9) Prüfung, Impfung, Erfindung, Vereinnahmung, Befragung

Für die *-ung*-Derivate gibt es kaum gut ausgeprägte Bildungseinschränkungen. Sofern jedoch dieses Derivationsmuster an transitive Basen gebunden ist, kann man erwarten, dass Verben ohne direktes Objekt keine *-ung*-Nomina bilden. So sind keine *-ung*-Derivate (a) aus ergativen Verben (vgl. **Fallung*); (b) aus Verben mit unpersönlichem Subjekt (vgl. **Regnung, *Grausung*) oder (c) aus solchen mit nur einem Dativobjekt zu bilden (vgl. **Gefallung, *Dankung*). Lexikalische Blockierung scheint indes ausgeprägter zu sein. Im Berich der intransitiven Verben blockieren Kernbedeutung-orientierte *-er*-Nomina (Nomina Acti) durchweg die Möglichkeit einer *-ung*-Nominalisierung (vgl. **Piepsung, *Ausrutschung*). Für momentane Handlungen liegt häufig eine *-e*-Nominalisierung vor (vgl. *Ansage* und nicht *Ansagung*). Auch alte Stammderivate wie *Schlaf* (**Schlafung*) oder *Wurf* (**Werfung*) grenzen das Vorkommen von entsprechenden *-ung*-Nomina ein. Es gibt jedoch ein subtiles Zusammenspiel mit den substantivierten Infinitiven: *Lebung* ist beispielsweise vollständig blockiert wegen existierendem *Leben*, während *Erreichung* und *Erreichen* beide als wohlgeformt erscheinen. Ähnlich kann ein substantivierter Infinitiv manchmal bei einem Stammderivat stehen, vgl. *Schlafen* und *Werfen*.

Aufgabe 2: Einen Sonderfall der *-er*-Derivation stellen pleonastische Bildungen auf *-er* wie *Offizierer*, *Jesuiter* oder *Katholiker* dar. Finden Sie aufgrund von Scherer (2006) aus, worin die Besonderheiten bestehen.

Aufgabe 3: Wir finden unter Anderem folgende Daten in der Fachliteratur (s. zum Beispiel Altmann & Kemmerling 2000: 112):

(i) Festung, Rundung, Teuerung, Neuerung (aber: Erneuerung)
(ii) Regelung, Satzung, Waldung, Hausung

Erstellen Sie eine Konstituentenanalyse der Derivate. Welchen der oben eingeführten drei Nominalisierungstypen würden Sie sie zuweisen?

Deutsche -*ung*-Nomina weisen grundsätzlich vier Lesarten auf: Neben Nomina Actionis (häufig auch Ereignisnominalisierung genannt) wie in (9a) und Gegenstandsnomina wie in (9b) gibt es auch solche, die Nomina Agentis (sog. Kollektivbildungen), vgl. (9c) und Instrumenti, vgl. (9d), darstellen (vereinzelt findet man auch noch **Nomina Loci** (Lokativnominalisierungen) wie *Wohnung* oder *Lichtung* vor):

(9) a. Entdeckung, Zerstörung, Erfindung
     b. Beschreibung, Anleitung, Anweisung
     c. Regierung, Leitung, Bedienung
     d. Ausrüstung, Lenkung, Ladung

Man kann leicht erkennen, dass diese Datenlage durch die obige Typologisierung der Nominalisierungen erfasst werden kann. So sind in (9c-d) Subjekt-orientierte, in (9b) Objekt-orientierte und in (9a) Kernbedeutung-orientierte Nominalisierungen zu finden. Die Subjekt-orientierten Derivate sind nicht mehr produktiv.

Die offensichtliche Ambiguität der hochproduktiven Muster (9a-b) zwischen der Ereignis- und der Gegenstandslesart ist ein vieldiskutiertes Thema der Fachliteratur, zumal es wichtige Berührungspunkte zwischen dem morphologischen und syntaktischen Bereich einer Grammatik reflektiert. Ein wichtiger Punkt dieser Diskussionen ist, wie man diese beiden Lesarten auseinanderhalten kann. An dieser Stelle diskutieren wir vier einschlägige Proben. Weitere Aspekte dieser Ambiguität werden in Kap. 2.7 angesprochen.

Der wesentliche Unterschied zwischen der Ereignis- und der Gegenstandslesart der -*ung*-Nomina ist in (10) aktualisiert:

(10) a. die Erfindung des Fonografen durch Edison   (Ereignis)
     b. die Erfindung liegt auf dem Tisch   (Gegenstand)

Im Sinne der oben geltend gemachten Übernahme der basisverbalen Ergänzungen gibt es eine klare Korrespondenz von (10a) mit dem Satz *Edison erfindet/erfand den Fonografen*, wobei die genitivische Konstituente *des Fonografen* das Objekt und die Phrase *durch Edison* das Subjekt des Basisverbs repräsentieren. In (10b) liegt keine solche Relation vor. Die vier Kriterien zur Unterscheidung der beiden Lesarten reflektieren diesen Unterschied weitgehend. Diese sind: (i) Modifikation durch Adverbien (aspektuellen Charakters); (ii) (rein) possessive Genitive; (iii) Pluralisierung und (iv) *durch*-Phrasen. Zwei der Proben nehmen Bezug auf typische nominale Eigenschaften wie Zählbarkeit (Pluralisierung) und Possession. Die zwei weiteren heben auf die Etablierung des

Ereignis-Charakters des Nomens ab (aspektuelle Modifizierbarkeit und *durch*-Phrasen).

In (11) geben wir eine entsprechende Auswahl an Beispielen:

(11) a. die Neuerfindung des Schießpulvers durch die Europäer
b. Peters Erfindung liegt auf dem Tisch
c. *Peters Erfindung des Fonografen durch Edison
d. Edisons Erfindung des Fonografen (*liegt auf dem Tisch)
e. die Erfindung durch Edison (*liegt auf dem Tisch)
f. *die Erfindungen des Fonografen
g. die Erfindungen liegen auf dem Tisch

Den besagten Ereignis-Charakter erkennt man ohne Weiteres an (11a) wo das Derivat Erfindung wortintern modifiziert wird. Zur Ereignis-Lesart trägt auch das Vorhandensein weiterer Konstituenten wie *des Schießpulvers* (Objekt beim Basisverb) und *durch die Europäer* (Subjekt beim Basisverb) bei. Die *durch*-Phrase (oder genereller gesagt: die basisverbale Subjektkonstituente) weist eine jede Nominalisierung als Ereignisnomen aus, vgl. etwa (11d) mit (11b). Sind mehr als eine Konstituente beim Derivat vorhanden wie in (11c) und (11d), so ist eine korrekte Verteilung der Elemente notwendig. In beiden Fällen ist die Ereginislesart intendiert. In (11d) liegt jedoch die korrekte Konstellation der Elemente vor (man vgl. dies mit (11a) in Hinsicht auf die vorhandenen basisverbalen Elemente): Der pränominale Genitiv *Edisons* (genitivus subiectivus) wird mit dem zu Grunde liegenden Subjekt, und *des Fonografen* mit dem Objekt (die unmögliche Fortsetzung zeigt, dass die Gegenstandslesart nicht denkbar ist) identifiziert. Somit liegt das Problem mit (11c) auf der Hand. Es gibt dort zwei Kandidaten für das Subjekt, *Peters* und *durch Edison*. Schließlich zeigt (11f) in Kontrast zu (11g), dass Ereignisnomina im Gegensatz zu solchen mit einer Gegenstandslesart nicht pluralisiert werden können.

Zu (11b) sind weitere Kommentare notwendig, da *Peters Erfindung* auf eine besondere Art und Weise (strukturell) ambig ist. Die intendierte Lesart im Satz ist die Gegenstandlesart (man merke an, dass *Peters Erfindung* auch pluralisierbar ist). In diesem Fall sollte *Peters* als Possessivum gelten. Neben der Possessiv-Lesart ist jedoch auch die agentivische Lesart denkbar: *Das Objekt, das Peter erfunden hat (liegt auf dem Tisch)*. Denkbar sind aber in der Tat auch andere Lesarten für *Peters Erfindung*: (a) *die Erfindung, von der Peter immer redet*; (b) *das Objekt, was Peter für (s)eine Erfindung hält* oder (c) *das Objekt, das Peter uns als seine Erfindung vorgestellt hat*, usw. Somit können wir nur festhalten, dass in der Konstruktion *Peters Erfindung* die Erstkonstituente *Peters* in einer

strukturellen Relation zu *Erfindung* steht, die womöglich situationsabhängig gedeutet werden sollte. Die Erstellung von mehr oder weniger bevorzugten Lesarten gibt uns darüber Aufschluss, welche
Lesartvariante als „weniger markiert" anzusehen ist.

Aufgabe 4: In (i-iii) sind unter dem Aspekt der strukturellen Ambiguität
interessante Beispiele zu finden:

(i)   Napoleons Beschreibung eines Biografen
(ii) Napoleons Beamtenprüfung
(iii) die Übersetzung Luthers

Beschreiben Sie, worin die Ambiguität besteht. Sie können versuchen, in einer
kleinen Umfrage bevorzugte Lesarten herauszufinden.

Aufgabe 5: Eine besondere Konstruktion der Identifizierung liegt in Beispielen
wie (i-ii) vor (auch **genitivus explicativus** genannt), vgl.:

(i) die Erfindung des Fonografen liegt auf dem Tisch
(ii) die Tugend der Geduld ist nicht jedem gegeben

Recherchieren Sie diese Konstruktion in den traditionellen Grammatiken.
Erstellen Sie entsprechende Paraphrasen für die Beispiele. Falls notwendig,
ziehen Sie auch andere Beispiele heran. Welchem Nominalisierungstyp weisen
Sie *Erfindung* vor diesem Hintergrund zu?

Das *-ling*-Suffix des Deutschen hat eine breite Variation hinsichtlich seiner Basen:

(12) a. Schönling, Feigling, Liebling
     b. Vierling, Zweiling, Mehrling
     c. Dirchterling, Ängstling, Witzling, Tintling
     d. Findling, Emporkömmling, Säugling

Das Spektrum der Basen reicht von den Adjektiven (vgl. 12a) über
Numerale (vgl. 12b) und (auch: komplexe) Nomina (vgl. 12c) bis
zu den Verben (vgl. 12d). Das Suffix leitet maskuline Nomina, zumeist Konkreta ab, im Falle von (12c) ist es kategorienerhaltend.

Viele der *-ling*-Derivate sind heute idiomatisiert, man findet
auffallend viele Beispiele im Bereich der Biologie (Botanik), wie
etwa *Riesling, Schirmling, Tintling* oder *Sperling*, vgl. auch die Beispiele in (12b). Der hohe Grad an Idiomatisierung ist auch daran zu
erkennen, dass in vielen Fällen die Basis nicht mehr klar abgrenzbar
ist. Dies ist insbesondere bei adnominalen Basen der Fall, die selbst
aus Verben abgeleitet sein könnten, wie etwa in *Liebling* (*Liebe* >
lieben), *Schützling* (*Schutz* > *schützen*) oder *Sträfling* (*Strafe* > *stra-
fen*) oder bei Derivaten deren Basiskategorisierung sonst unklar ist
(vgl. *Winzling*). Das macht andererseits klar, inwieweit *-ling*-

Suffigierung heute als produktiv anzusehen ist. Altmann & Kemmerling (2000) machen geltend, dass das Muster mit adjektivischer Basis sehr begrenzt produktiv ist (s. 12a). Ähnliches gilt nach Barz (2006) für die deverbalen Ableitungen (s. 12d).

Es fällt an den -*ling*-Derivaten auf, dass viele von ihnen alles andere als neutral sind. Dies korreliert nicht mit den Basen der Derivate. Wir finden pejorativ-abwertende Konnotation etwa bei *Feigling* und *Naivling* (Basis: Adjektiv), *Günstling* und *Dichterling* (Basis: Nomen) oder *Emporkömmling* und *Findling* (Basis: Verb). Man könnte hier argumentieren, dass dies wegen der bereits negativen Konnotation der Basiswörter der Fall ist. Es gilt jedoch zu bedenken, dass (a) komplexe Basen wie *Dichter* oder *Schreiber* völlig neutral sind, während die davon abgeleiteten -*ling*-Derivate *Dichterling* oder *Schreiberling* als pejorativ-abwertend eingestuft werden müssen; (b) manche Basisnomina oder Basisadjektive ausgesprochen positiv sind, wie etwa *Gunst*, *Witz* oder *schön*, ihre -*ling*-Derivate sind es jedoch nicht (immer); (c) Derivate von neutralen und positiven Verbalbasen gleichermassen pejorative Konnotation erwerben. Dies legt nahe, dass -*ling*-Derivate unter dem Aspekt der Morphopragmatik untersucht werden sollten (s. unten).

In die oben eingeführte Typologie der Nominalisierungen können die -*ling*-Derivate wie folgt eingeordnet werden. Derivate, denen entweder ein transitives Verb zu Grunde liegt (vgl. etwa *finden* oder *schützen*) oder eine ähnliche verbale Verbindung (vgl. *jm Gunst erweisen*) sind als Objekt-orientierte WB-Produkte (als Nomina Patientis) anzusehen. Derivate mit intransitiver Basis sind typischerweise Subjekt-orientiert (*Eindringling* < *eindringen*, *Emporkömmling* < *emporkommen)*. Hierzu rechnen wir auch diejenigen -*ling*-Derivate, die nominale Basen haben aber Nomina Agentis ableiten, wie etwa *Witzling* oder *Flüchtling*. Es bleibt nun zu klären, wie **Nomina Qualitatis** der Art *Schönling* oder *Hässling* einzuordnen sind. Wir nehmen dazu an, dass die einschlägigen Derivate auf weiten Strecken als Nomina Agentis interpretierbar sind (oder jedenfalls als agentivisch charakterisiert werden können). Eine Patiens-Lesart scheint viel weniger plausibel zu sein: Ein *Schönling* ist zum Beispiel jemand, der eine bestimmte (wenn auch subjektive) Eigenschaft hat (agentivische Lesart), ist aber nicht jemand, der von diesem Sachverhalt betroffen ist (Patiens-Lesart). Diese Nomina gelten daher als Subjekt-orientiert.

Die Bildung von Nomina Qualitatis stellt auch eine der wichtigsten Funktionen des -*heit*/-*keit*-Suffixes dar (auch -*igkeit* wird zunehmend hierzu gerechnet), vgl. (13a). Andere Derivatslesarten sind Zustandsbezeichnungen (s. 13b) und Kollektiva (s. 13c):

(13) a. Klugheit, Weisheit, Eitelkeit
b. Gereiztheit, Traurigkeit, Entschlossenheit, Müdigkeit
c. Christenheit, Menschheit

Wie man sieht, kommen im Wesentlichen zwei Arten von Basen in Frage für diese Derivation. Den Kern des Musters stellen A-zu-N-Bildungen dar, vgl. *Klugheit, Eitelkeit* oder *Traurigkeit* (hierzu rechnen wir auch solche Derivate bei denen die Basis eher als Partizip eingestuft werden kann, vgl. *Gereiztheit*). Dieses Muster ist auch heute noch hochproduktiv. N-zu-N-Derivate sind demgegenüber idiomatisiert/lexikalisiert.

Das deadjektivische Muster wird häufig als Paradebeispiel für ein vorwiegend phonologisch konditioniertes WB-Muster angeführt. Dies lässt sich anhand des in Barz (2006:732f.) dargelegten Konzepts der **Affixvarianten** erläutern. Demnach sind *-heit/-keit/-igkeit* als Affixvarianten anzusehen und sie verhalten sich wie kombinatorische (umgebungsbedingte) Varianten. Am wenigsten eingeschränkt ist das Vorkommen von *-heit*: Es verbindet sich mit (a) einsilbigen Basen; (b) mit zweisilbigen Basen auf *-el, -en, -ern* oder *-er* (Nasale und Liquide und deren Kombinationen); (c) mit endbetonten zweisilbigen Basen und (d) mit Partizipien (insbesondere Partizip II). Demgegenüber erscheint die *-keit*-Variante (a) als idiosynkratische Variante zu *-heit* bei zweisilbigen Basen auf *-el* und *-er* (vgl. *Dunkelheit* aber *Eitelkeit* und *Sicherheit* aber *Sauberkeit*) und (b) bei morphologisch bereits komplexen Basen (vgl. *Machbarkeit* oder *Lieblichkeit*), die nicht endbetont sind (vgl. die Menge der hier betroffenen Suffixe: *-bar, -ig, -lich, -mäßig* und *-sam*). Auch *-igkeit* hat ihre Distribution, indem es sich (a) mit zweisilbigen Basen auf *-e* (sprich: Schwasilbe, vgl. *Müdigkeit)* und (b) mit morphologisch komplexen Basen auf *-haft* und *-los* verbindet (*Regelhaftigkeit* und *Trostlosigkeit*).

Aufgabe 6: Entgegen der obigen Liste der Distributionen findet man Derivate wie *Geschwindigkeit, Kleinigkeit, Blödigkeit* oder *Leichtigkeit*, in denen *-igkeit* als Suffix verwendet wird. Beschreiben Sie, worin das Problem besteht (denken Sie insbesondere darüber nach, ob auch *-heit*-Derivate denkbar sind und ziehen Sie weitere Daten heran, falls notwendig). Wie würden Sie die obige Liste modifizieren (vor allem für *-igkeit*)?

Oben wurde geltend gemacht, dass Nomina Qualitatis auf *-ling* aufgrund ihrer Paraphrasen als Subjekt-orientierte Nominalisierungen anzusehen sind. Dies trifft jedoch für die *-heit/-keit/-igkeit*-Derivate nicht zu. Wir gehen daher davon aus, dass sie Kernbereich-orientiert sind, zumal hier auch kein Objektschema erreichbar ist. Dies mag im Übrigen eine Folge der Beschaffenheit der Basis sein: Adjektive tendieren dazu, Kernbedeutung-orientierte Nominalisierungen auszulösen.

Das Suffix *-nis* leitet zumeist Abstrakta sowie Zustands- und Gegenstandsnomina aus Verben (s. 14a), aus Nomina (s. 14b) oder aus Adjektiven und Partizipien (s. (14c) ab:

(14) a. Ärgernis, Verdammnis, Bekenntnis
      b. Bildnis, Zeugnis
      c. Finsternis, Wildnis, Gedächtnis

Das denominale und das deadjektivische Muster sind nicht mehr produktiv, die Derivate werden als idiomatisiert wahrgenommen. Demgegenüber gilt das deverbale Muster als schwach produktiv.

Das Genus der WB-Produkte ist uneinheitlich und es folgt auch nicht den natürlich vorgegebenen Klassen á la (14). Man findet Neutra und Feminina mit verbaler und adjektivischer Basis, vgl. *die Wildnis* und *das Gedächtnis* oder *die Kenntnis* aber *das Bekenntnis*. Einzig und allein die denominalen Gegenstandsnomina scheinen konsequent neutral zu sein.

Zur typologischen Einordnung der *-nis*-Derivate: Man erkennt als roten Faden, dass Gegenstandsnomina in der Regel als Nomina Patientis, also als Objekt-orientierte Nomina gelten. Dies trifft auch hier zu. Ein *Bildnis* ist das, was abgebildet ist und ein *Zeugnis* ist das, was bezeugt wird. Dieser klaren Zuweisung ist möglicherweise auch das eindeutige Genus zu verdanken. Die obigen Abstrakta und Zustandsnomina bewerten wir hingegen als Instanzen von Kernbedeutung-orientierten Nominalisierungen, zumal diese ohnehin eine starke Tendenz dazu aufweisen.

Aufgabe 7: Nach Altmann & Kemmerling (2000: 110) können *-nis*-Derivate mit solchen auf *-e* und und *-keit* konkurrieren. Tragen Sie dazu einige Beispiele zusammen, und diskutieren Sie in einem zweiten Schritt, inwieweit eine Parallelität oder Komplementarität besteht (vgl. dazu auch Motsch 2012: 353ff.).

2.3 Kategorienerhaltende Nominalisierung

Wir haben oben kurz darauf hingewiesen, dass das *-er*-Suffix im Deutschen auch eine denominale Variante hat, die kategorienerhaltend ist. Einige Beispiele stehen in (15) nach den typischen Lesarten geordnet:

(15) a. Berliner, Tübinger, Tokioter
b. Eisenbahner, Gewerkschafter, Physiker, Mathematiker,
d. Münzer, Fünfer, Hunderter

Somit leitet das denominale *-er* zunächst Einwohnerbezeichnungen wie in (15a) ab. Die zweite gängige Lesart drückt Zugehörigkeit zu institutionalisierten Größen (wie etwa Organisationen, Wissenschaftsbereiche, usw.) aus. Die dritte bedient sich numeraler Basen und die Derivate sind entweder Nomina Instrumentalis (vgl. *Münzer* als ‚Maschine, die mit Münze betrieben wird') oder Nomina Qualitatis (wie *Hunderter* etc.). Wir gehen mit Meibauer (1995) einig, dass diese Lesarten produktiv sind.

Wir betrachten die Derivate nach (15a) und diejenigen nach (15b) als Nomina Agentis und ordnen sie daher eindeutig als Subjekt-orientierte Nomina ein (sie können auf jeden Fall als agentivische Subjekte von Sätzen auftreten). Ähnlich wurde oben bei den deverbalen *-er*-Nomina für Nomina Instrumenti gezeigt, dass sie unter typologischem Aspekt ebenfalls als Subjekt-orientiert gelten. Schließlich haben die in diesem Bereich bekannten Nomina Qualitatis Gemeinsamkeiten mit den deadjektivischen *-ling*-Derivaten. So können die *-er*-Derivate auch als ‚charakterisiert durch die Eigenschaft im Basiswort' paraphrasiert werden. Dies spricht dafür, denominale Nomina Agentis auf *-er* ebenfalls als Kernbedeutungorientierte Nominalisierungen anzusehen. Die angesprochene Vielfalt der Lesarten charakterisiert somit sowohl denominale als auch deverbale *-er*-Derivate.

Fast jede Wortbildung des Deutschen verweist darauf, dass das denominale *-er* zwei andere Varianten in Form von *-ler* und *-ner* aufweist. Bei der Antwort auf das Dilemma, ob diese drei Suffixe tatsächlich Affixvarianten oder aber drei unterschiedliche Suffixe sind, scheiden sich jedoch die Geister. Altmann & Kemmerling (2000) betrachten beispielsweise die deverbalen *-er*-Nomina als Kernfälle der *-er*-Nominalisierungen überhaupt (so auch Eisenberg 2006), sie behandeln denominale *-er*-Nomina eher als Analogiebildungen und *-ner/-ler*-Suffigierungen führen sie auf Fehlsegmentierung zurück (dies mag historisch gesehen berechtigt sein). Damit unterstützen sie die Idee der Suffixvariation. Barz (2006) macht hingegen geltend, dass unter Umständen beide Ansätze denkbar sind.

Einigkeit besteht darin, dass das Muster auf *-ner* nicht mehr produktiv ist. Das Suffix *-ler* wird dagegen mit zunehmender Produktivität verwendet. Es affigiert gerade dort, wo das denominale *-er* nicht zum Tragen kommt: (a) bei Akronymen wie etwa *SPDler* oder *FDPler* und (b) häufig zur Disambiguierung möglicher WB-Produkte und sonstiger Wortformen (vgl. *Kriegsgewinner* aber *Kriegsgewinnler* mit *Zuchthäuser* aber *Zuchthäusler* oder *Poster* vs. *Postler* etc.). In diesem Prozess können auch phonologische Fakten eine Rolle spielen, wobei der Unterschied zwischen offener Silbe (sprich: *-er*) und geschlossener Silbe (sprich: *-ler*) als wichtig erscheint. So können typischerweise Akronyme nicht durch eine offene Silbe in Form von *-er* affigiert werden, da ihre letzte Silbe ebenfalls offen ist. Umgekehrt können dort, wo die letzte Silbe geschlossen ist, sowohl *-er* wie auch *-ler* vorkommen, aber mit jeweils anderer Bedeutung.

Aufgabe 8: Überlegen Sie, inwieweit Nomina der Art *Norweger*, *Deutscher* oder *Niederländer* als Instanzen des denominalen *-er*-Musters (nach 15a) sind.
Aufgabe 9: Mit dem deutschen *-er* werden auch folgende Nomina gebildet. Oder nicht?

(i)   Didaktiker, Epiker, Kritiker, Musiker, Physiker
(ii) Neurotiker, Phlegmatiker, Ironiker, Zyniker

Überlegen Sie, welches Suffix hier tatsächlich im Spiel ist. Beachten Sie die eventuelle Kombinierbarkeit der Stammformen mit *-isch* (vgl. auch Eisenberg (2006:276f.)!

Auch die Suffixe *-schaft* und *-tum* betrachten wir als kategorienerhaltend, obwohl es einige Beispiele gibt, die die Veränderung der Basiskategorie nahelegen, vgl. (16c) und (16d):

(16) a. Nachbarschaft, Vaterschaft, Burschenschaft
      b. Bürgertum, Brauchtum, Fürstentum
      c. Belegschaft (V-zu-N), Bereitschaft (A-zu-N)
      d. Irrtum (V-zu-N), Heiligtum (A-zu-N)

Das kategorienverändernde Muster ist dem kategorienerhaltenden gegenüber heute nicht mehr produktiv. Das mit beiden Suffixen produktive N-zu-N-Muster leitet meistens abstrakte Zustandsbezeichnungen und/oder Personenkollektive ab. Dabei kann es insbesondere im Falle der *-tum*-Derivate zur Übertragung von typischen Eigenschaften von Kollektiven auf das Derivat kommen, vgl. *Beamtentum*, *Griechentum* oder *Bürokratentum*.

   In Eisenberg (2006: 272f.) wird geltend gemacht, dass die Suffigierung durch *-schaft/-tum* phonologisch konditioniert sei. Sie werden ausschließlich an vorangehende Schwa-Silben (grundsätzlich nicht betonbare Silben) angeschlossen und leiten dadurch in der Regel einen besonderen Fuß, den Daktylus (eine schwere/lange und zwei leichte/kurze Silben) aus einem Trochäus (eine schwere/lange und eine leichte/kurze Silbe) her. Ihre Pluralform endet mit zwei Trochäen, zumal in einer Wortform wie *Fürstentümer* das *-tum-*Teil, in *Nachbarschaften* das *-schaft*-Teil akzentuiert werden können (Wortnebenakzent). Die eigentlichen Pluralendungen, also *-er* und *-en*, bleiben unakzentuiert, da sie Schwasilben sind, die Erstsilben der komplexen Wörter behalten die Hauptakzentstelle. Falls diese Vorstellung korrekt ist, weist sie darauf hin, dass der Trochäus im Deutschen stark grammatikalisiert ist.

Das nächste voll produktive Suffixpaar ist *-chen/-lein*. Diese sind weitläufig als Diminutivsuffixe bekannt. Dass wir sie als Paar betrachten, liegt neben der Verkleinerungsfunktion auch daran, dass sie in bestimmten Positionen komplementär verteilt sind. Das Vorkommen von *-lein* ist mehr eingeschränkt: (a) Es tritt nach dorsalem Frikativ (sprich: Ach - und Ich-Laut) und dem velaren Nasal, sowie nach (dem stimmhaften Verschlusslaut) [g] auf, s. (17a), sonst wird überall *-chen* bevorzugt, s. (17b) (vgl. Eisenberg 2006: 274); (b) die *-lein*-Derivate können stilistisch/dialektal gefärbt sein, vgl. *Schätzchen* vs. *Schätzilein*.

(17) a. Zweiglein, Ringlein, Dächlein, Tischlein
      b. Fetzchen, Brüderchen, Vögelchen, Schräubchen
      c. Löchelchen, Präsidentelchen, Kinderchen, Prösterchen

Die Beispiele in (17c) zeigen einen weiteren interessanten Punkt, sofern sie nahelegen, dass *-chen* andere Suffixvarianten aufweist. Derivate wie *Löchelchen* und *Prösterchen* weisen einerseits den für *-chen*-Derivate typischerweise möglichen Umlaut auf (vgl. die einschlägigen Beispiele in 17a-b). Andererseits unterscheiden sie sich grundsätzlich. Der grundsätzliche Unterschied besteht darin, dass in *Kinderchen* das Erstteil *kinder* das paradigmatische Fugenelement *er* beinhaltet (=Plural von *Kind*) und somit ein Allomorph des jeweiligen Stammes darstellt, während dies bei *Löchelchen* oder *Präsidentelchen* nicht denkbar ist. Das ist deshalb überaschend, weil *Loch* prizipiell auch die Form *Löcher* (also eine paradigmatische Fuge) zuließe. Hieraus schließen wir, dass *-elchen*, nicht *-erchen* als richtige Suffixvariante zu *-chen* zu betrachten ist. Ein Vergleich von *Kinderchen* etwa mit *Prösterchen* oder *Dummerchen* zeigt weiterhin das uneinheitliche Verhalten von *-erchen*.

Wir haben vorhin kurz darauf hingewiesen, dass *-chen* und *-lein* eine Verkleinerungsfunktion wahrnehmen. Da jedoch Funktionen wie Verkleinerung, Verniedlichung oder verhüllende Redensarten und stilistisch/dialektale Färbung im Grunde genommen pragmatisch (also außersprachlich) gedeutet werden können, haben Daten wie in (17) sprachübergreifend Anlass zur Etablierung eines neuen Wissenschaftbereiches, der **Morphopragmatik**, gegeben. Unter diesem Begriff verstehen wir aufgrund von Dressler & Merlini-Barbaresi (1994) die Erforschung der Wechselbeziehungen zwischen Morphologie und Pragmatik.

Die angesprochene Wechselbeziehung besteht zwischen einem Teilbereich der Grammatik in Form von morphologischen Einheiten (Morphologie) und deren Wahrnehmung und Bewertung in der aktuellen Situation (Pragmatik, vgl. Kiefer 1998). Lexikalische und syntaktische Indikatoren von Sprechereinstellungen und Situationen bleiben somit außerhalb des Gegenstandsbereiches. Auch morphologische Einheiten (also Flexionsformen oder WB-Produkte) sind nur insofern relevante Gegenstände der Morphopragmatik, soweit sie (oder ihre Bildungsverfahren) direkte Schlüsse auf Sprechereinstellungen und/oder sprachlichen Situationen erlauben. Morphologische Einheiten und Verfahren sind jedoch auch direkt semantisch relevant, daher muss jede zusätzliche pragmatische Bedeutung von der semantischen Bedeutung getrennt werden.

Vor diesem Hintergrund ergibt sich bereits eine erste Liste von relevanten Größen der Morphopragmatik. Diese sind: Diminutiva, Intensivierungsaffixe (ein Kandidat hierfür wäre z.B. *-(er/el)ei* in seinem produktiven Muster, vgl. Beispiele nach (2b) oben), sog. Exzessive (vgl. Dressler & Kiefer 1990), modale Flexion (vgl. Kiefer 2004) und Phrasenkomposita (vgl. Meibauer 2003). Manche Autoren sprechen in dieser Hinsicht von evaluativer Wortbildung, vgl. etwa Meibauer (2013, 2014) mit Körtvélyessy (2014).

Für die hier angesprochenen Verkleinerungsbildungen wurde generell geltend gemacht, dass die grammatisch relevante Bedeutung von Diminutiva auf das Basiskonzept von 'klein' zurückgeht, dies wäre also ihre lexikalisch-semantische Bedeutung. Dem steht die pragmatische Bedeutung 'nicht-seriös' entgegen, die metaphorisch mit 'klein' verbunden ist (vgl. Dressler & Merlini-Barbaresi (1994), Kap. 3). Dies wurde vor dem Hintergrund von Spracherwerbsdaten weiter präzisiert, indem gezeigt werden konnte, dass in der Tat die pragmatische „Bedeutung" bei den Kindern früher erscheint als die semantische. Es wurde daher auch vorgeschlagen 'nicht-seriös' durch 'Nähe'/'Zärtlichkeit' zu ersetzen, zumal die ersten Diminutiva von Kindern nie den Bedeutungsaspekt 'klein' aufweisen (vgl. hierzu Laalo (2001) und dort genannte Literatur).

Für den Fall unserer obigen Beispiele halten wir fest: Das kategorienerhaltende Suffixpaar *-chen/-lein* des Deutschen bildet produktiv Verkleinerungsformen. Die Relevanz dieses Musters für die Morphopragmatik erscheint immer dann, wenn vom normalen Muster abgewichen wird, wie etwa im Falle von *-elchen* und *-erchen*. Den Effekt dieser Abweichung könnte man pragmatisch als ,Steigerung (der Verkleinerung) ins Unbedeutende' umschreiben.

Einen besonderen Fall der kategorienerhaltenden Nominalisierungen stellen die Movierungsbildungen dar. Kategorienerhaltende Suffigierungsmuster wurden bislang dadurch charakterisiert, dass alle grammatischen Kategorien der Basis auch beim Derivat vorhanden sind. Dies trifft für Movierungen nur teilweise zu, da bei ihnen das grammatische Geschlecht geändert wird, vgl. (18), während Ausgangs- und Zielkategorie der Derivation gleich bleiben.

(18) a. Hündin, Herrin, Königin, Enterich, Witwer, Kater
     b. Fahrerin, Helferin, Erfinderin '
     c. StudentInnen, AntragstellerInnen, BewerberInnen

(18a) führt die relevanten Suffixe vor Augen. Dabei unterscheiden sich die jeweiligen Eingabesegmente der Derivate: Movierungen, die auf *-in* enden, weisen ein maskulines Nomen als Basis auf (vgl. *Hund > Hündin* etc.), während die auf *-rich/-er* eine feminine Basis haben (vgl. *Ente > Enterich* etc.). Letztere ist heute im Wesentlichen unproduktiv, feminine Movierung ist hingegen hochproduktiv. Man muss auch konstatieren, dass prinzipiell jedes Nomen für maskuline Lebewesen eine Movierung auf *-in* zulässt. Somit ist eine Menge von potenziellen Wörtern zu erwarten. Diesen Aspekt zeigen auch die Beispiele nach dem Muster von (18b), wo eine Kombination von *-in* mit *-er* vorliegt. Suffixkombinationen sind bei Derivaten sonst eher untypisch.

Movierungen können auch morphopragmatisch relevant sein/ werden. Die Schreibungen mit Binnenmajuskeln wie etwa in (18c) deuten einen sehr spezifischen Gebrauch an. Diese Formen werden heutzutage häufig gewählt, um die vollkommene Breite der möglichen Personen (Frauen wie Männer) anzudeuten (semantische Bedeutung) und dadurch auch (gesellschaft)politische Korrektheit (pragmatische Bedeutung) zu erzielen. Sie wurden in der sog. feministischen Linguistik extensiv untersucht.

2.4 Adjektivderivate

Wir kommen auf adjektivische Derivate zu sprechen. Wir haben in diesem Bereich mit einer Handvoll Suffixen zu tun, wobei einige von ihnen, wie etwa *-ig*, *-lich* und *-haft*, sowohl kategorienerhaltend als auch kategorienverändernd sein können. Sie sind meistens sehr alt und bereits im Althochdeutschen belegt.

Das wichtigste kategorienverändernde Suffix in diesem Bereich ist *-bar*. Es leitet deverbale Adjektive ab, das Muster wird häufig als das am meisten reguläre WB-Muster bezeichnet (vgl. Eisenberg 2006: 280 und Barz 2006: 766):

(19) lesbar, erreichbar, lösbar, brauchbar, beziehbar

Vereinzelt können deadjektivische oder denominale *-bar*-Bildungen strukturell als solche erkannt werden, wie etwa *offenbar* oder *fruchtbar*, die jedoch heute als demotiviert gelten.

Das Muster ist hochproduktiv mit transitiven Verben. Bei der Deutung der Bedeutung der WB-Produkte ergeben sich interessante Parallelitäten mit aktivischen/passivischen Satzstrukturen. So können die Derivate nach (19) in der Regel durch Passivsätze paraphrasiert werden: *lesbar*: *was gelesen werden kann*, *lösbar*: *was gelöst werden kann* etc. Obwohl das Vorhandenseins des Akkusativs beim Basisverb (*jd. löst/liest etwas* etc.) und somit die Möglichkeit des *werden*-Passivs als hinreichende Voraussetzungen für die Bildung des entsprechenden *-bar*-Adjektivs gelten, notwendig sind sie nicht. Auch einstellige Verben, d.h. Verben ohne Akkusativ(objekt), lassen nämlich unter bestimmten Voraussetzungen wohlgeformte *-bar*-Adjektive zu, vgl.

(20) sinkbar, brennbar, faulbar, fehlbar, entflammbar

Diese sind zwar meistens als potenzielle Wörter anzusehen, sie deuten jedoch eine Ausweitung des Musters an. Barz (2006: 765) nennt dies das aktivische Muster der *-bar*-Ableitung, da die WB-Produkte regelhaft durch aktivische Sätze paraphrasiert werden können, vgl. *ein Schiff kann sinken, eine Frucht kann faulen* etc. Da die Derivate potenzielle Wörter sind, muss eine Beurteilung ihrer Produktivität offenbleiben.

Die Ausweitung des (passivischen) Musters kann man vor semantischem Hintergrund eindeutiger erkennen. Wir beziehen uns erneut auf die oben erwähnte Klasse der ergativen Verben. Diese haben nämlich die Eigenschaft, dass bei ihnen ein semantisches Objekt (ein Objekt, das der verbalen Handlung unterliegt oder von ihr betroffen ist) die Subjektposition einnimmt. Als Subjekt kann es nie den Akkusativ im Satz aufweisen (weshalb sie auch als **Unakkusative** bezeichnet werden). Die Basisverben der potenziellen Derivate nach (20) gehören alle dieser Verbklasse an.

In einigen traditionellen Grammatiken ist öfters davon die Rede, dass Sätze mit *-bar*-Adjektiven klare Konkurrenzformen des *werden*-Passivs darstellen, indem sie letztere abkürzen (vgl. etwa *Seine Schrift kann gelesen werden* vs. *Seine Schrift ist lesbar*). Diese Auffassung ist aber ein wenig irreführend. Konkurrenz würde bedeuten, dass die fraglichen Strukturen in einer Anzahl von Situationen für einander stehen können. Dies trifft jedoch nicht zu. Eisenberg (2006: 279) nimmt die Sätze (21a-c) für die Parallelität in Betracht:

(21) a. Renate löst die Aufgabe.
  b. Die Aufgabe ist von Renate lösbar.
  c. Die Aufgabe wird von Renate gelöst.
  d. Die Aufgabe kann von Renate gelöst werden.

Die strukturelle Ähnlichkeit zwischen der *-bar*-Ableitung und dem Passiv liegt hier auf der Hand: Das Objekt des Aktivsatzes (*die Aufgabe* in 21a) wird sowohl im Passivsatz (21c) als auch im Satz mit dem *-bar*-Derivat (21b) in ein syntaktisches Subjekt konvertiert. Die semantisch gesehen vollkommene Konkurrenz besteht jedoch nicht zwischen diesen Sätzen, sondern vielmehr zwischen (21b) und (21d). Somit ist nur eine modal angereicherte Variante des Passivs als richtige Konkurrenzform zur *-bar*-Ableitung anzusehen. Das ist deshalb der Fall, weil *-bar*-Derivate Eigenschaften von Zuständen bezeichnen, während Passivsätze den Vorgang hervorheben. Die Orientierung an Zuständen rückt die *-bar*-Adjektive in die Nähe des Zustandspassivs, in dem Sinne, dass *-bar*-Adjektive gerade dort verwendet werden, wo entsprechende Zustandspassive unmöglich sind (vgl. **Die Aufgabe ist von Renate gelöst* vs. *Die Aufgabe ist für Renate lösbar*)

Die oben gemachten Ausführungen zur syntaktischen Ähnlichkeit von Strukturen sind nur dann sinnvoll, wenn wir zuvor eine andere Annahme machen. Diese betrifft die Übernahme der basisverbalen Ergänzungen durch das Derivat (ähnlich wie dies im Falle der *-er-* und *-ung*-Nomina geltend gemacht wurde), die zunächst von Toman (1987) für die *-bar*-Derivate gemacht wurde. Dadurch zeigt sich, dass eine solche Annahme eine generelle Eigenschaft des Sprachsystems widerspiegelt (s. dazu weiter in Kap. 2.7).

Das Suffix *-lich* bildet Adjektive aus Verben wie in (22a), Nomina wie in (22b) und Adjektiven wie in (22c):

(22) a. bedrohlich, erforderlich, eindringlich
  b. ärztlich, monatlich, täglich, kläglich
  c. kleinlich, bräunlich, bitterlich

Barz (2006: 765f.) teilt die deverbalen -*lich*-Adjektive in zwei Klassen ein. Genauso wie bei den -*bar*-Adjektiven, unterscheidet sie zwischen aktivischen und passivischen Derivaten (vgl. *bedrohlich* ist *etw. das bedroht* vs. *erblich* ist *etw. das geerbt wird/werden kann*). Eisenberg (2006: 279) macht hingegen geltend, dass -*lich*-Derivate in dieser Lesart nicht mehr produktiv abgeleitet werden. Vielmehr wirken sie idiomatisiert.

Aufgabe 10: Es wird des Öfteren darauf hingewiesen, dass -*bar*-Adjektive und deverbale -*lich*-Adjektive eine gewisse Konkurrenz aufweisen (so etwa bei Eisenberg 2006 oder Altmann & Kemmerling 2000). Tragen Sie mindestens zehn Beispielpaare zusammen und versuchen Sie eine Deutung der Daten zu geben.

Es bleiben nun die denominalen und deadjektivischen Derivate, die beide als produktiv angesehen werden. Die kategorienverändernde Adjektivierung durch -*lich* weist eine extreme Vielfalt an Wortbildungsbedeutungen auf. Dies mag daran liegen, dass -*lich* die nominale Basis (die es adjektiviert) mit einem anderen Nomen verbindet (die das -*lich*-Adjektiv qualifiziert) und so einen weiten Rahmen für einschlägige Interpretationen offenlässt. In diesem Sinne ist das denominale -*lich* extrem durchlässig. Die drei wichtigsten Arten der Bedeutungsbeziehungen bei den produktiven -*lich*-Derivaten sind diese: (i) semantisch unspezifische Relation (ii) vergleichend (s. *ärztlich*, *feindlich* oder *menschlich*) und (iii) *haben/besitzen*-Relation und ihre Negation (s. *ängstlich* oder *kläglich*) (für eine längere Liste vgl. Altmann & Kemmerling 2000: 142). Letztere können durch die besagte Relation einfach paraphrasiert werden. Demgegenüber werden semantisch unspezifische Relationen situations- oder kontextabhängig paraphrasiert, vgl. Barz (2006: 766f.), wo dies für das Adjektiv *staatlich* überzeugend gezeigt wird.

Es ist wesentlich einfacher, die deadjektivischen -*lich*-Derivate zu deuten. Diese leiten eine abschwächende Bedeutungsvariante des Basisadjektivs her (Gradation).

Die Etablierung einer semantisch unspezifischen Relation durch die Derivation teilt -*lich* mit zwei weiteren Suffixen: mit -*mäßig* und mit -*isch*. Das Suffix -*mäßig* ist denominal und hochproduktiv, das sich sowohl mit nativen als auch mit nicht-nativen Basen verbindet (vgl. *verhältnismäßig*, *beziehungsmäßig* und *praxismäßig*).

31

Neben den nicht-nativen Basen sind solche, die bereits abgeleitet sind, typische Basen für -*mäßig*, auf denen -*lich*-Derivation grundsätzlich nicht operiert.

Das Suffix -*isch* ähnelt -*lich* ein wenig mehr. Es bildet sowohl deverbale wie auch desubstantivische Adjektivderivate, vgl. (23), deadverbiale (*genialisch*) und deadjektivische Bildungen (*linkisch, selbstisch*) kommen vereinzelt vor und gelten als hochgradig idiomatisiert:

(23) a. zänkisch, misstrauisch, quälerisch, verführerisch
     b. elektrisch, modisch, rassisch, mechanisch, abendländisch

Neben der semantisch weitgehend unspezifizierten Bedeutung, die das Suffix -*isch* ableitet (auch im Falle von Eigennamen), weisen die Derivate die Bedeutungsaspekte (a) vergleichend (*diktatorisch, hündisch*) und (b) *haben/besitzen* (*neidisch, aromatisch*) auf.

Die N-zu-A-Ableitung nach (23b) gilt wohl als Kern des Musters. Dafür sprechen folgende Argumente. Die nominalen Basen der Ableitung können einfach und komplex sein, nicht-native Basen kommen ebenfalls häufig vor. Auch die breitere Ausfächerung der Bedeutungen der desubstantivischen Bildungen spricht dafür, dieses Muster als vorrangig zu betrachten. Für die deverbalen -*isch*-Derivate gilt hingegen, dass die Basen zumeist native Verben sind. Bei komplexen verbalen Basen ergibt sich darüber hinaus fast immer eine Deutungsmöglichkeit als desubstantivische Ableitung. So können beispielsweise Derivate wie *quälerisch* oder *verführerisch* als Doppelsuffigierungen durch -*er* plus -*isch* analysiert werden. Dies wird auch dadurch unterstützt, dass auch produktive -*ler*-Derivate durch -*isch* weiter abgeleitet werden können (vgl. *Grübler* vs. *grüblerisch* mit *Sportler* vs. *sportlerisch*). Das Suffix -*isch* ist auch soweit das einzige Derivationssuffix, das hochproduktiv auf Eigennamen operieren kann, vgl. *newton(i)sch (-e Gravitation), einstein(i)sch (-e Relativität)* oder *genscher(i)sch (-e Außenpolitik)*, wobei zumeist das *i* ausgespart bleibt (vgl. jedoch *kopernikanisch, brunonisch*), da seine Hinzufügung eine neue metrische Fußstruktur mit sich ziehen würde.

Das Suffix -*ig* weist eine breite Varianz der Basen auf, vgl:

(24) a. herzig, affig, bärtig, bullig, wolkig
     b. wendig, zitt(e)rig, rührig, findig, stinkig
     c. baldig, dortig, heisig, alleinig
     d. feinfühlig, kurzlebig, langbeinig, fünfzeilig

Wie man sieht, leitet -*ig* zunächst denominale und deverbale Derivate von zumeist simplizistischen Basen ab (diese letzte Eigenschaft, sowie die häufige Aussparung von *e* in zweisilbigen Basen, lassen Spekulationen über die Bevorzugung einer Trochäusstruktur weiter offen). (Isoliert findet man auch kategorienerhaltende deadjektivische Bildungen wie *lebendig* oder *faulig*, die als idiomatisiert gelten.) Die Bedeutungsrelationen sind hier nach Barz (2006) ähnlich, wie im Falle von *-isch*. Die deverbalen Adjektive sind weitgehend aktivisch zu paraphrasieren (vgl. *stinkig: etw., das stinkt; wendig: etw., das sich leicht wendet* etc.). Die desubstantivischen weisen hingegen die gewohnte *haben/besitzen*-Relation (vgl. *bärtig: jd., der einen Bart hat*) und den Bedeutungsaspekt 'vergleichend' auf (vgl. *affig: wie ein Affe*). Auch hierüber hinaus gibt es jedoch eine hohe Anzahl an unspezifisch-relativen *-ig*-Adjektiven (vgl. z.B. *herzig* oder *rührig*).

Zwei weitere Besonderheiten der *-ig*-Ableitung sind (24c-d) zu entnehmen. Die kategorienverändernde Adjektivierung in (24c) von Adverbien ist von morphosyntaktischer Relevanz, weil dadurch ein nicht flektierbares Wort in ein flektierbares überführt wird. Diese Eigenschaft dient für Altmann & Kemmerling (2000: 143), diese Ableitungsart als den Kern des eigentlichen Musters zu betrachten, obwohl die denominalen Derivate auch nicht weniger produktiv sind (in Barz (2006) wird die deadverbiale Ableitung ausgeblendet).

Die Beispiele in (24d) zeigen einen anderen Punkt. Ging es bei den vorher erwähnten *-ig*-Derivaten um Kürze (des Trochäus), findet man hier gerade das Gegenteil vor: Die Basen sind komplex und gewissermaßen unklar. Die einfachen Zweitglieder mit *-ig* sind alle nicht wohlgeformt, vgl. **fühlig*, **lebig* oder **beinig*, sie sind nicht einmal als potenzielle Wörter denkbar. Wenn wir aber versuchen, die erweiterten Erstglieder für *-ig* festzulegen, dann sehen wir, dass auch Erstglieder wie *feinfühl* oder *kurzbein* keine richtigen Basen darstellen (nicht abgesehen davon, dass bereits ihre Kategorisierung alles andere als klar ist). Das ist eine typische Konstellation für Zusammenbildungen, wir kommen darauf in Kap. 5.1 ausführlich zurück.

Das Suffix *-haft* kann kategorieverändernd Adjektive aus Verben (vgl. *wohnhaft, schwatzhaft*) und Nomina (vgl. *bildhaft, zweifelhaft*) bilden. Es hat aber auch ein kategorienerhaltendes Muster, indem es heute unproduktiv deadjektivische Adjektive wie *wahrhaft* ableitet. Das restliche Muster ist beschränkt produktiv, was man unter anderem auch daran erkennen kann, dass die ursprünglich transparenten Wortbildungsbedeutungen eine zusätzliche, nicht-transparente Bedeutung erlangen, vgl. *krankhaft* oder *wohnhaft*.

33

Das Suffix *-haft* ist eines der wenigen Suffixe des Deutschen, das auch in Verbindung mit anderen Suffixen vorkommen kann. Es kann oft nach dem *-er*-Suffix auftreten, vgl. *gönnerhaft* oder *streberhaft* (wofür selten auch *strebhaft* erscheint). Es kann wegen der Ähnlichkeit der abzuleitenden WB-Bedeutungen nicht nach *-ig* stehen. Das Umgekehrte ist auch selten und nur idiomatisiert belegt, vgl. *wahrhaft* vs. *wahrhaftig* aber *sündhaft* vs. **sündhaftig*. Solche (häufig auch mehrfach) abgeleitete Basen dienen dann ganz oft als Basen für weitere Derivate, entweder zur Bildung von Adverbien, vgl. *sündhaftigerweise* oder *wahrhaftigerweise*, oder zur Bildung von *-heit/-keit*-Derivate, vgl. *Zweifelhaftigkeit, Bildhaftigkeit* aber auch *Streberhaftigkeit.* Man merke an, dass in diesen letzten Beispielen die Suffixvariante *-igkeit* auftritt (ähnlich muss man wohl für die Adverbialderivate eine Variante *-(ig)erweise* annehmen). Diese Konstellation hat phonologische Gründe: Die beiden Suffixe *-haft* und *-heit/-keit* stellen geschlossene Silben dar, sie können nur durch die links offene Variante *-igkeit* mit einander verbunden werden. Dies belegt einmal mehr, dass das *-heit/-keit*-Muster phonologisch konditioniert ist.

Wir haben am Anfang dieses Kapitels darauf hingewiesen, dass die meisten adjektivierenden Suffixe wohl germanischer Herkunft sind. In der Tat findet man in den meisten Wortbildungen (vgl. etwa Fleischer & Barz (1992), Erben (2000) oder Altmann & Kemmerling (2000)) Hinweise auf die Vorgängerkategorien der heutigen Suffixe. Das Muster ist klar: Die meisten Suffixe haben sich aus Zweitgliedern von Zusammensetzungen heraus entwickelt, wie etwa *-haft* aus dem homonymen althochdeutschen Adjektiv *haft* (in der Bedeutung 'behaftet'). Am Endes dieses Unterkapitels kommen wir nun auf einen heutigen Vertreter dieser Entwicklung zu sprechen.

-los wird heute nicht einheitlich angesehen und/oder behandelt. Altmann & Kemmerling (2000: 144) sprechen ihm sogar den Status eines Suffixes ab, während es etwa in Barz (2006) oder Eisenberg (2006) klar als Suffix angesehen wird. Für beide dieser Auffassungen sprechen gute Argumente. Der Status als freies Morphem in einer Komposition (sprich: Zweitglied) ist durch das Vorhandensein entsprechender, syntaktisch relevanter Strukturen unterstützt. So kommt *los* etwa als Teil einer komplexen Präposition (d.h. *los von*) und auch als freies Adjektiv vor (z.B. *die losen Enden*). Diese Eigenschaft teilt *los* mit *leer* und *frei*, die sich hinsichtlich Wortbildung wie Synonyme verhalten (vgl. *zweifellos* mit *zweifelsfrei* oder *zweifelsohne*). Gegen diesen Status als freies Kompositionsmitglied

werden hauptsächlich zwei für die Suffixe typischen Eigenschaften angeführt. Erstens ist das denominale *-los* reihenbildend, genauso wie Suffixe es sind (vgl. *lautlos, heillos, obdachlos, herrenlos, leblos* etc.). Dies wäre für Komposition eine eher ungewöhnliche Eigenschaft. Zweitens wurde beobachtet, dass sich die heutigen adjektivischen Suffixe bedeutungsmäßig von ihren freien Vorgängern entfernt haben (Bedeutungsabschwächung). Das erkennt man auch im Falle von *-los*. Wollte man eine Bedeutungsparaphrase des Suffixes *-los* geben, so wäre das wie folgt: ‚ohne die in der Basis gennanten Eigenschaft'. Wie man sieht, ist dies nicht mehr identisch mit der ursprünglichen Bedeutung des freien Morphems *los*.

Hier muss man darauf verweisen, dass es auch andere, *los* ähnliche Wörter gibt. Zahlreiche freie Morpheme weisen nämlich die oben genannten zwei Eigenschaften auf. Da sie jedoch einen Übergang zwischen dem Suffixstatus und dem des freien Morphems aufweisen, werden sie häufig als **Suffixoide** bezeichnet, vgl. die jeweiligen Zweitglieder in (25):

(25) a. Schuh*werk*, Flick*werk*, Boll*werk*, Wurzel*werk*
       b. Schuh*zeug*, Schreib*zeug*, Feuer*zeug*, Schul*zeug*
       c. Druck*wesen*, Arbeits*wesen*, Schul*wesen*, Bahn*wesen*
       d. Damen*welt*, Künstler*welt*, Fach*welt*, Tier*welt*, Vorstellungs*welt*
       e. Wort*gut*, Saat*gut*, Ideen*gut*, Streu*gut*
       f. Bienen*volk*, Hirten*volk*, Bauern*volk*, Herren*volk*

Was den Status solcher Zweitglieder betrifft, wollen wir gerade umgekehrt argumentieren als Altmann & Kemmerling (2000). Es ist die **semantische Vagheit** der entsprechenden freien Morpheme, die erst eine Bedeutungsabschwächung ermöglicht und auf diese Weise die Verschiebung in Richtung Suffix vorantreibt. Die Phänomene der Reihenbildung sind nur als Folge dieser Entwicklung anzusehen. Dies ermöglicht keine eindeutige Stellungnahme dazu, ob Daten wie in (25) als Komposita oder als Derivate zu bewerten sind.

2.5 Zur verbalen Suffixbildung

Suffixbildung ist bei den Verben weniger ausgebildet und auch strukturell weniger signifikant als Präfigierung (vgl. die Kap. 3.2 und 3.4). Die Gründe dafür mögen unterschiedlich und soweit nicht geklärt sein (für einige Anhaltspunkte vgl. jedoch Eschenlohr 1999). Einer der Gründe könnte sein, dass die heute aktiven Wortbildungsmuster zur Ableitung neuer Verben, wie etwa **Konversion** (die Ableitung durch ein morphologisch nicht-sichtbares Suffix, häufig auch Umkategorisierung gennant), **Rückbildung** und Suffigierung sicher nicht hochproduktiv sind. Konversion wird in Kap. 5.2 ausführlich diskutiert, wir gehen hier auf Rückbildung und Suffigierung näher ein.

Die obigen Ausführungen zu den Nominalisierungen und Adjektivierungen vermitteln den (nicht unberechtigten) Eindruck, dass Verben eher als Basen denn als Zielkategorien der Derivation dienen. Dies ist anders bei den Rückbildungen. Diese sind solche Wortbildungsprodukte, die zumeist aus komplexen Substantiven entstanden sind, wobei letztere ihrerseits bereits von Verben (oder von verbalen Verbindungen) abgeleitet sein können. So ist die Ableitung eines rückgebildeten Verbs wie *krankenversichern* wie folgt vorzustellen: *(die) Kranken versichern > Krankenversicherung > krankenversichern*. Diesen Entstehungsprozess kann man allerdings am neu entstandenen Infinitiv *krankenversichern* nicht festmachen. Es sprechen jedoch einige unabhängige Argumente für diese Ableitungsrichtung.

Man kann als erstes die umgekehrte Ableitungsrichtung annehmen, d.h. voraussetzen, dass *Krankenversicherung* aus dem Verb *krankenversichern* entstanden ist. Das geht jedoch zunächst an der Bedeutung des Verbs vorbei, da dies als ‚eine Krankenversicherung abschließen' paraphrasiert werden kann. Wir brauchen also das Konzept der Krankenversicherung, bevor wir ein Verb daraus machen können. Darüber hinaus macht eine solche Auffassung den Bezug zur verbalen Verbindung 'Verb plus sein Objekt' (d.h.: *(die) Kranken versichern*) äußerst schwierig. Sollte nämlich diese Ableitungsrichtung stimmen, müsste man erklären können, warum diese Art der Ableitung in den meisten anderen Fällen mit 'Verb und seinem Objekt' nicht funktioniert. Es gibt schließlich keine komplexen Verben wie *türvorlegen* oder *beamtenprüfen*, die als Basen etwa für *Türvorleger* und *Beamtenprüfung* dienen würden. (Darüber hinaus lässt sich die Basis der Rückbildungen auch nicht immer eindeutig bestimmen, vgl. etwa *Bruch > Ehebruch* aber *ehebrechen*.)

Das zweite Argument kann von der Flexion der beteiligten Verben abgeleitet werden. Das transitive Verb *versichern* weist ein volles Flexionsparadigma auf, während *krankenversichern* kein vollständiges Paradigma besitzt (man denke etwa an Einschränkungen bei Bildung der einzelnen Personalformen des Verbs (vgl. **Ich krankenversichere*. vs. *Ich versichere Kranken*.), bei der Perfektbildung, usw.). Es ist nun viel wahrscheinlicher, dass aus einem vollen Paradigma wegen der intervenierenden Nominalisierung ein unvollständiges entsteht, als umgekehrt. Gerade diese morphologischen

Besonderheiten sind es (vgl. neben dem unvollständigen Paradigma auch die Besonderheiten bei der morphologischen Trennung durch *zu* und *ge-*, wie in **baugespart* aber *gebauspart* und *zu bausparen*), die sonst zur Annahme von Rückbildung als selbstständiges Wortbildungsmuster gedient haben.

Für das relativ junge Alter der rückgebildeten Verben spricht aber auch, dass bei häufigem Gebrauch ihre Paradigmen sich vervollständigen können, vgl. Barz (2006: 717), wo dies für das Verb *schutzimpfen* gezeigt wird. Dies wäre nicht notwendig, wenn es bereits als Basis im oben genannten Sinne gedient hätte.

Suffixderivation von Verben ist im Deutschen nicht sonderlich häufig. Man findet im Grunde genommen die drei nativen Verbalsuffixe *-(e)l(n)*, *-(e)r(n)* und *-ig(en)* vor, sowie das auf nichtnativer Basis operierende *-ier(en)* (mit den zwei weiteren Varianten *-isier(en)* und *-ifizier(en)*). Nichtsdestotrotz wirft die verbale Suffixderivation zahlreiche Fragen auf, die manchmal nicht klar zu beantworten sind.

Eine erste Einschränkung ergibt sich bereits auf der Basis der Produktivität. Im Sinne von Barz (2006: 717f.) gehen wir davon aus, dass nur *-(is)ier(en)* (also *-ier(en)* und ihre Variante *-isier(en)*) und das native *-(e)l(n)* produktiv sind, vgl.:

(26) a. konfiszieren, kriminalisieren, (il)legalisieren, verbalisieren
     b. menscheln, sporteln, kriseln, radeln
     c. lächeln, hüsteln, tänzeln, schleckern, blinkern

Eindeutig verbale Basen liegen in (26c) vor (generell sind Basen für diese Ableitung als simplizistisch anzusehen), da zu jedem Verb auf *-(e)l(n)* auch ein anderes ohne dieses Suffix existiert, vgl. etwa *lachen*, *husten*, *tanzen*, *schlecken* und *blinken*. Durch den Umlaut als Folge der Suffigierung kann man auch die Ableitungsrichtung klar festlegen (vgl. auch das Paar *lochen – löchern*). Auch die Bedeutungsrelationen zwischen Basis und Derivat legen nur eine Ableitungsrichtung nahe. Die Bedeutung des Derivats wird als iterativ und verkleinernd (häufig auch iterativ-diminutiv genannt) aufgefasst, die Verben bezeichnen kurzlebige, wiederholende Handlungen. Dabei scheint das Vorkommen von *-(e)r(n)* phonologisch konditioniert zu sein: Weist der Stamm bereits einen *l*-Laut auf, so wird statt *-(e)l(n)* das Suffix *-(e)r(n)* bevorzugt. (Ein weiterer Hinweis: das Suffix *-(e)r(n)* spielt auch bei den sogenannten lautmalenden Verben eine Rolle, wie etwa *knattern*, *knabbern*, *knistern* oder *bibbern*, vgl. jedoch *prasseln*.)

Aufgabe 11: Verben wie in (i) und (ii) werden heute zunehmend verwendet (vgl. Barz 2006:707):

(i) zwischenblenden, zwischenfinanzieren, zwischenlagern, zwischenlanden
(ii) gegenfinanzieren, gegenhalten, gegenlesen, gegenrechnen, gegensteuern, gegenzeichnen

Überlegen Sie anhand der Daten welche Formvarianz denkbar ist und ob die Daten nicht durch Rückbildung entstanden sind? Die folgenden Daten helfen dabei:

(iii) Das Flugzeug landet in Rom zwischen.
(iv) Das Loch im Haushalt wird gegenfinanziert.
(v) *Ich/*Die Regierung finanziere/finanziert das Loch im Haushalt/Haushaltsloch gegen.

Aufgabe 12: In Altmann & Kemmerling (2000: 65f.) wird darüber spekuliert, dass *-(e)r(n)* als Verbalisierungssuffix durch Fehlsegmentierung entstanden sei. Recherchieren Sie zu diesem Konzept und tragen Sie einige Argumente dafür und/oder dagegen zusammen.

Aufgabe 13: In Kap. 1, Aufgabe 3 wurde der Begriff des morphologischen Restes eingeführt. Überlegen Sie, ob er möglicherweise zu einer Erklärung der Datenlage bei den auf *-(e)l* ausgehenden Basen herangezogen werden kann. [Tipp: Gehen Sie dabei von Basen mit einem möglichen Umlaut (z.B. *Zügel*) aus!]

In den Beispielen nach (26b) ist die Basis desubstantivisch (und zumeist einfach), die iterativ-verkleinernde Bedeutung ist nach wie vor vorhanden. Bei Basisnomina auf *-(e)l*, wie beispielsweise *Zügel* oder *Hagel* ergibt sich ein spezielles Problem für die eindeutige Identifizierung der Basis. Wenn man die entsprechenden Verben *zügeln* und *hageln* als ‚mit einem Zügel anhalten' und ‚es fällt Hagel' paraphrasiert, dann wird klar, dass wir zur Deutung der Verbbedeutung zunächst das substantivische Konzept brauchen. Allerdings bleibt es dann unklar, was nun Basis und was das Suffix sind, zumal *-(e)l* bereits als Teil der Basis identifiziert werden kann. Dies stellt die obigen Derivate in eine Reihe mit gewöhnlichen Konversionsdaten wie etwa *geigen*, *kürzen* oder *grasen*, bei denen es auf den ersten Blick ebenfalls unklar bleibt, ob *-(e)n* als Derivations- oder Flexionssuffix ist. An dieser Stelle wollen wir nur die Unterschiede technisch festhalten, indem wir die bereits eingeführte Differenzierung der Stämme anwenden: Demnach steht *Fisch__* für den nominalen und *fisch__* für den verbalen Stamm (ähnlich: *Hagel__* und *hagel__*), ohne die Ableitungsbeziehung vorerst klarzumachen. Bei den sonstigen Beispielen in (26b) sind die Verhältnisse eindeutig. Die nominale Basis wird durch *-(e)l(n)* verbalisiert, daher

38

gibt es einen klaren Unterschied zwischen *Mensch__* (als Basis) und *menschel__* (als verbalem Derivat). Auf weitere Aspekte der Konversionen werden wir in Kap. 5.2 eingehen.

Wir kommen auf die Daten nach (26a) zu sprechen. Hier scheint die Relation zwischen Basis und Suffix klar zu sein. Die Basen sind nichtnative Wörter jeder Art: Sie können einfach oder komplex, richtige Wörter oder Konfixe sein (zumeist lateinischer Herkunft). Letztere brauchen immer ein Suffix, da sie selbst keine Wortartkategorie besitzen. Zwei weitere Kategorien werden als Basen genutzt, nämlich Adjektive (vgl. *legitimieren, legalisieren*) und Substantive (vgl. *formieren, spendieren*), wobei die deadjektivischen Verbderivate überwiegen. Dies mag übrigens daran liegen, dass (i) sich *-ier(en)* selten und heute unproduktiv mit Konfixen verbindet (vgl. *diskutieren, referieren, montieren* etc.) und (ii) die Konfixe zunächst adjektiviert (vgl. *legal, aktiv, sozial* oder *nasal*) und erst dann durch *-isier(en)* verbalisiert werden. (Sind sie einmal adjektiviert, stehen sie auch für weitere Derivation, wie etwa Präfigierung zur Verfügung, vgl. *illegal* oder *abnormal*.)

Unter dem Aspekt der lexikalischen Blockierung finden wir in diesem Bereich interessante Gegenbeispiele vor. In Barz (2006: 718f.) wird konstatiert, dass es basisgleiche Wortpaare gibt, die mit unterschiedlichen Suffixen Wortbedeutungen ohne Bedeutungsunterschied ableiten (können). So existieren etwa neben *kontakten* auch *kontaktieren* und neben *filtern filtrieren* sowie *sinnen* und *sinnieren*, um einige Beispiele zu nennen. Die desubstantivischen Basen weisen darüber hinaus eine weitere Option der Suffigierung auf, nämlich die Adjektivierung, die zu dreifachen Reihen führt, deren Mitglieder jedoch subtile Unterschiede aufweisen, vgl. *formen – formieren* und *formalisieren* oder *fungieren* (mit Konfixbasis) *funktionieren* und *funktionalisieren*.

Einer der Gründe für die parallele Existenz bedeutungsgleicher Derivate liegt möglicherweise in der Notwendigkeit der Disambiguierung. So sind Formen wie etwa *kontakten* oder *filtern* formgleich mit einer paradigmatisch möglichen Wortform der nominalen Basen (ganz zu schweigen von der angedeuteten Konversionsproblematik). Dies trifft für die durch *-ier(en)* abgeleiteten Derivate nicht zu, bei ihnen sind Basis und Suffix klar zu unterscheiden. Was weiterhin die Funktion von *-ier(en)* betrifft, so ist nach Eisenberg (2006: 289) außer Verbalisierung womöglich fremder Stämme keine Einheitlichkeit zu erkennen. Das ist anders mit *-isier(en)*: es bildet überwiegend transitive Verben aus Adjektiven. Die jeweilige Verbbedeutung kann einheitlich als ‚etwas zu X machen' oder als

‚etwas mit X versehen' paraphrasiert werden. Somit finden wir eine Spezialisierung von *-isier(en)* gegenüber *-ier(en)* vor, was möglicherweise einen Grund für die (quantitative) Produktivität dieses Musters darstellt.

Eine weitere Bemerkung gebührt der Kombinierbarkeit dieses Suffixes mit weiteren (nativen) WB-Suffixen. Es ist nicht nur gut kombinierbar mit Adjektiven und auch gebundenen Stämmen (v.a. Konfixen), sondern es lässt auch weitere Derivation durch eine Menge anderer WB-Suffixe wie *-er* (vgl. etwa *Formalisierer* oder *Legalisierer*), *-ung* (vgl. *Formalisierung, Legalisierung* oder *Elektronisierung*), *-bar* mit Kombinationen wie *-bar* plus *-keit* (vgl. *formalisierbar* und *Formalisierbarkeit* oder *verbalisierbar* und *Verbalisierbarkeit*), das Movierungssuffix *-in* (vgl. *Harmonisiererin*), das diminutive *-chen*, in Kombination mit *-er* (vgl. *Heroisiererchen* oder *Kriminalisiererchen*), *-haft* und *-isch* (vgl. *kriminalisiererhaft* und *harmonisiererisch*) zu. Ist die Basis für *-isier(en)* ein gebundener Stamm (sprich: Konfix), so ist fast immer eine Ableitung auf *-isch* möglich, vgl. *harmonisch* vs. *harmonisieren* oder *technisch* vs. *technisieren*.

2.6 Fremdwortsuffigierung

Wir kommen in den Bereich der Fremdwörter und ihrer Suffixderivation mit Überlegungen, die sich unmittelbar an die vorangehenden Beobachtungen anschliessen. Sofern nämlich viele Basen für die *-(is)ier(en)*-Derivation als gebundene Stämme bezeichnet wurden, geben sie ein Problem der Stammidentifizierung vor.

Bei der Einführung des Stammbegriffes haben wir darauf hingewiesen, dass etwa Verben mehrere Stammformen haben, die unterschiedlich für Flexion benutzt werden. Konfixstämme und (an sie tretende) Fremdsuffixe machen es notwendig, ähnliche Differenzierungen auch im Bereich der Wortbildung vorzunehmen. Man nehme folgende Beispiele:

(27) a. kinderreich, Kindeskind, Kinderspiel, Kindskopf, Kindfrau
    b. kindisch, kindlich, kindhaft, Kindheit, Kinderei
    c. technisch, Techno, Technokrat, Technik, Technologie

Aufgrund von (27a) und (27b) können wir zunächst folgendes festhalten. In den Zusammensetzungen von (27a) finden wir unterschiedliche Formen der Erstglieder vor: *kinder-, kindes-, kinds-* und auch *kind-*. Diese betrachten wir als Stammallomorphe des Grundstammes *Kind*. Den **Grundstamm** können wir normalerweise mit der lexikalischen Grundform eines Lexems identifizieren (er wird oft auch **Inflexionsstamm** genannt). Somit weist der **Kompositionsstamm** (die für die Komposition verwendete Stammform des Grundstammes) von *Kind* die in (27a) erscheinenden Allomorphe. Es gibt demgegenüber keine wahrnehmbaren Unterschiede der Basen in (27b), d.h. der **Derivationsstamm** *kind-* fällt mit dem Grundstamm *Kind* zusammen.

Die Existenz eines vierten Stammes wird durch (27c) nahegelegt. Das Beispiel *technisch* zeigt, dass der Derivationsstamm die Form *techn-* aufweist (vgl. auch *technisieren* oben). Dies ist ein Konfix ohne Wortartmarkierung. *Technokrat* und *Technologie* zeigen etwa durch einen Vergleich mit *Bürokrat* und *Biologie*, dass hier *techno* als Stamm vorkommt. Da solche Formen nur in Konfixen vorkommen, nennen wir Stämme wie *techno* **Konfixstämme**. Konfix- und Derivationsstämme von Fremdwörtern sind in der Regel gebunden und nicht frei verwendbar (in Gegensatz etwa zu den nativen Derivationsstämmen). Beispiel *Techno* kann unter dieser Perspektive auf zwei Art und Weisen gedeutet werden. Erstens könnte man Stammkonversion des Konfixstammes annehmen. Dies ist jedoch wegen fehlender Wortartmarkierung des Stamm-Konfixes problematisch. Die zweite Möglichkeit besteht darin, den obigen Derivationsstamm *techn* zu benutzen, der durch *-o* suffigiert wurde. Für diese letzte Option scheint durch Daten wie *Prolo*, *logo*, *Realo* etc. auch unabhängige Evidenz vorzuliegen. Inwieweit dieser Schein berechtigt ist, werden wir in Kap. 5.3 näher besprechen.

Meistens kann man WB-Produkte fremder Herkunft mithilfe der bereits gemachten Distinktionen klar analysieren/segmentieren. So kann *Technik* wie folgt segmentiert werden: *techn-* ist nach wie vor als Derivationsstamm anzusehen und dies identifiziert gleichzeitig das Zweitglied *-ik* als Derivationssuffix. Man findet zahlreiche ähnliche Beispiele wie etwa *Mimik*, *Motivik*, *Statik* etc. Ist einmal ein Teil des Derivats als Suffix oder Stamm identifiziert, ist es meistens einfach, das jeweils andere Teil zu bestimmen. Man muss jedoch folgende Ungereimtheiten konstatieren: (a) Es ist schwer bis unmöglich zu bestimmen, ob Stamm und Suffix getrennt oder als bereits komplexes Wort entlehnt wurden; (b) Die Fremdsuffixe sind bei weitem nicht reihenbildend, wie die nativen Suffixe es sind; (c) Die meisten Fremdsuffixe weisen Suffixvarianten auf, die entweder phonologisch motiviert sind (vgl. *diskutabel* aber *disponibel*) oder durch das Genus des Wortes in der Ausgangssprache bestimmt sind (vgl. etwa *Souffleuse* und *Masseuse* aber *Masseur*). Wegen dieser Schwierigkeiten können wir an dieser Stelle keine dem nativen

Bereich nahe kommende, suffixorientierte Darstellung geben. Wir beschränken uns daher darauf, aufgrund von Eisenberg (2006: 290ff.) wichtige Aspekte der *-asmus/-ismus*-Derivate vorzustellen, zumal diese viele typischen Eigenschaften von Fremdwortderivaten verdeutlichen. Im Sinne von Eisenberg (2006) kann man drei Hauptgruppen unterscheiden. Einige relevante Beispiele stehen in (28):

(28) a. Leninismus, Hellenismus, Kannibalismus, Reformismus, Illusionismus
b. Humanismus, Formalismus, Existenzialismus
c. Anarchismus, Utopismus, Pessimismus, Sarkasmus

Die drei Gruppen weisen jeweils andere Basen auf: In (28a) treten nominale, in (28b) adjektivische Basen auf, (28c) enthält Konfixbasen. *-ismus* bedient sich in jedem Fall Basen fremder Herkunft (meistens mit mindestens zwei Silben), wobei Eigennamen, Abstrakta sowie Sammelnamen von gewissen Eigenschaften eine ausschlaggebende Rolle spielen. Die Ausweitung der Verwendung des Suffixes von Basen mit Wortartmarkierung auf die Konfixe ist klar.

Die drei Gruppen verhalten sich hinsichtlich weiterer Suffigierung ein wenig anders. Die Basen der Gruppe (28a) können direkt mit *-isch* kombiniert werden (vgl. *kannibalisch, semitisch* etc.) und dies ist weitgehend phonologisch konditioniert. Diese Stämme können dann neben *-ismus* auch *-ist, -istisch* und *-isier(en)* als WB-Suffixe bei sich haben, und stecken die drei wichtigsten Wortarten, Nomen (vgl. *Leninismus* und *Leninist*), Adjektiv (vgl. *lennistisch)* und Verb (vgl. *leninisieren)* ab. Lediglich Abstrakta auf *-ion* sind mit *-isch* nicht kombinierbar. Grundsätzlich die gleiche Kombinatorik liegt für die Gruppe (28b), also die adjektivische Gruppe vor: Die Basen können mit *-isch* oder *-istisch* Adjektive, mit *-ismus* und *-ist* Nomina und mit *-isier(en)* Verben ableiten. Zusätzlich zu diesen können adjektivische Basen durch *-(iz)ität* weitere nominale Abstrakta produzieren. Demgegenüber scheinen die Kombinationsmöglichkeiten bei den Konfixbasen eingeschränkter zu sein. Die grundsätzlichen Typen sind nominale Abstrakta auf *-ismus* (selten auf *-asmus*, wohl phonologisch bedingt), Adjektive auf *-istisch* und Verben auf *-(is)ier(en)*. Das Vorkommen von *-ist*-Derivaten ist hier öfters durch Nomina auf *-iker* blockiert (vgl. **Mechanist* vs. *Mechaniker* oder **Akademist* vs. *Akademiker*).

Ein spezielles Phänomen der Suffixkonkurrenz wird desweiteren als wesentlicher Charakterzug der Fremdsuffigierung herausgestellt. Eisenberg (2006) bringt zwei Beispiele dafür. Das erste bezieht sich auf die wenig eindeutige Konstellation bei der Substituierbarkeit von *-isch* manchmal durch *-ie* (vgl. *anarchisch* vs. *Anarchie*) manchmal durch *-iker* (vgl. *zynisch* vs. *Zyniker*) oder manchmal durch keines der beiden (vgl. *germanisch* aber *Germanie und *Germaniker, das letzte wohl wegen exisitierendem *Germanist*). In solchen Fällen kann man auch nicht vernünftig von der Produktivität der betroffenen Suffixe sprechen, zumal die Konkurrenz die durchgehende Verwendung eines Musters unterminiert.

Das zweite Beispiel führt Suffigierungen von Konfixbasen zur Ableitung von schwachen Maskulina (in der Regel Bezeichnungen von agierenden Personen) vor Augen. Die betroffenen Suffixe sind *-ist* (vgl. *Dekabrist, Pianist* etc.), *-at* (vgl. *Potentat, Kandidat* etc.) sowie *-ant/-ent* (vgl. *Applikant, Agent* etc.) und *-and* (vgl. *Doktorand, Habilitand* etc.). Diese Muster haben lediglich eine, phonologisch motivierte, Gemeinsamkeit: Sie produzieren mehrsilbige Wörter mit betonter Letztsilbe (der durch Pluralbildung eine weitere Schwasilbe angehängt werden kann). Hier kommt Konkurrenz dadurch zum Tragen, dass beispielsweise native Suffixe zur Bildung von Maskulina mit fremden Basen denkbar sind (vgl. *Plebejer, Proletarier* oder *Naivling* etc.) und auch weitere Fremdsuffixe Konkurrenzbildungen liefern wie etwa *-or* in *Direktor* (Konkurrenz zu *-and*), *-iker* in *Musiker* (Konkurrenz zu *-ist*) oder *-eur* in *Kontrolleur* (Konkurrenz zu *-ent/-end*).

2.7 Suffigierungen und Syntax: Rektionskomposita

(i) Zwei Klassen der Nomina: Man unterscheidet vor dem Hintergrund der notwendigen Ergänzungen in der Regel zwischen zwei großen Klassen von Nomina: (a) die **relationalen** und (b) die **nicht-relationalen Nomina**, vgl. (29):

(29) a. relational (vgl. *Mutter* von x – obligatorische Ergänzung)
     b. nicht relational (vgl. *Lampe*)

Die Klasse der relationalen Nomina in (29a) kann in der Tat weiter unterklassifiziert werden. So spricht man von **inhärent relationalen Nomina** einerseits, die von vornherein auf Relationalität spezifiziert sind (wie etwa *Mutter* oben) und andererseits von Nomina deren Relationalität durch Nominalisierung entsteht, vgl. (30)

(30) die Erfindung des Schießpulvers durch die Europäer (=11a)

Die Relationalität des Nomens *Erfindung* in (30) ergibt sich daraus, dass es aus dem Verb *erfinden* abgeleitet ist, und die obligatorischen Verbergänzungen (Argumente) auch beim Nomen denkbar sind. Dieses Phänomen der Argumentvererbung an das Nomen ist charakteristisch für eine Reihe von Derivaten.

Das Ergänzungspotenzial der Basisverben spielt auch dahinge-hend eine Rolle für die Derivation, dass es u.a. Bildungseinschrän-kungen vorgibt. Es kann aber auch die Lesarten der Derivate beein-flussen. Wir betrachten die Beziehung des Verbs zu seinen Ergän-zungen als Prädikat-Argument-Beziehung (auch PAB) im Sinne der Logik. Das heißt: Verben fungieren als Prädikate (ergänzungsbe-dürftige Elemente), die Leerstellen um sich haben, die in Sätzen gefüllt werden müssen (man beachte, dass Satzprädikate im Deut-schen zumeist verbal sind). Es ist daher an dieser Stelle angebracht, eine morphologisch relevante Verbklassifizierung vorzustellen, die uns helfen wird, die angesprochene Wechselbeziehung zwischen Derivation und Argumentstruktur (AS, das System der Argumente beim Verb oder beim Nomen) besser zu verstehen (zumal inhärent relationale Nomina unter diesem Aspekt nicht weiter interessieren).

(ii) Argumente und Verbklassen: Die angesprochene Beziehung kann durch die Beschaffenheit der semantischen/thematischen Rela-tion zwischen Verb und Argument charakterisiert werden, die im Wesentlichen auf Fillmores (1968) semantische Kasus zurückgehen (die sowohl in der valenztheoretischen als auch in der generativen Tradition große Beachtung gefunden haben, für eine aktuelle Zusammenfassung vgl. Primus (2012)). In der neueren Fachliteratur ist seit Grimshaw (1990) eine regelrechte Blüte der argumentbasier-ten Verbklassifikationen zu beobachten, die jedoch fast ausschließ-lich syntaktisch motiviert sind, wobei die Perspektiven der maschi-nellen Sprachverarbeitung eine wesentliche Rolle spielen dürften, vgl. Schulte im Walde (2003). Viele Aspekte solcher Klassifikatio-nen sind für unseren Bereich nicht unmittelbar relevant (in Lieber & Štekauer (2014a) bleibt Verbklassifizierung sogar völlig ausgeblen-det), wir können sie daher an dieser Stelle nicht rezipieren. Wir be-schränken uns deshalb darauf, aufgrund von Szigeti (2002/2013: 29ff.) eine wortbildungstechnisch orientierte Klassifizierung vors-zustellen, deren Relevanz am Beispiel der *-er-* und *-ung*-Nomina des Deutschen exemplarisch gezeigt wird. Wir halten gleichzeitig fest, dass für die Formulierung weiterer Wechselbeziehungen zwi-schen AS und sonstigen Derivationsmustern feinere Unterklassifi-zierungen der vorgestellten Klassen durch Forschung notwendig sind.

(a) *Argumentlose Verben*: Diese Klasse umfasst Verben wie *regnen*, *schneien* oder *hageln*, die traditionell auch Wetterverben genannt werden. Der charakteristische Zug dieser Verben besteht darin, dass bei ihnen kein Subjekt im Nominativ stehen kann.

(b) *Verben mit Agens/Experiencer-Argument (VA-Verben)*: Zu dieser Klasse gehören alle Verben, die ein einziges Argument aufweisen, welches entweder als agierend (Agens) oder als psychischer „Erleber" (Experiencer) im Satz vorkommt. Wir rechnen weiterhin die sog. echten Reflexiva (z.B. *sich schämen*) und die intransitiven Varianten von sonst mehrstelligen Verben hierher (vgl. *Klaus liest* vs. *Klaus liest den Bericht*). Das Agens/Experiencer-Argument wird auch als externes Argument bezeichnet, das im Satz typischerweise die Subjektposition im Nominativ einnimmt.

(c) *Verben mit einem internen Thema-Argument (Unakkusative)*: Es gibt eine relativ kleine Gruppe von Verben, die ein einziges Argument ausweisen, das als Subjekt erscheint, obwohl es nicht im obigen Sinne als extern bezeichnet werden kann. Die Subjekte dieser Verben (z.B. *erblinden, erstarren, gefrieren*) sind eher von der verbalen Tätigkeit betroffen denn agierende Mitspieler. Dies ist unter semantischem Gesichtspunkt als typische Konstellation für ein Thema-Argument (internes Argument) zu identifizieren, das jedoch nie im Akkusativ erscheint.

(d) *Verben der 'Gegenseitigkeit' (der Kollektivität)*: Verben wie *treffen, heiraten* oder *zusammenkommen* weisen eine spezifische Argumentstruktur auf. Diese kann dadurch charakterisiert werden, dass das Agens auch Thema sein kann und umgekehrt.

(e) *Verben mit Agens- und Thema-Argument (VAT-Verben)*: Diese Klasse stellt die wohl größte Klasse der Verben dar. Das Verb hat zwei Argumente: Agens/Experiencer als externes und Thema/Patiens als internes. Die Bezeichnung Patiens steht dabei für belebte Objekte. Die Argumentstruktur wird dann gewöhnlich für ein Verb wie *schlagen* wie folgt notiert:

(31) schlagen (x   (y))   {x schlägt y}
         Agens Thema/Patiens

An (31) kann man auch erkennen, dass die vorangehende Verbklasse in der Tat eine Unterklasse von (e) darstellt, die dadurch als sehr spezifisch erscheint, dass bei ihnen Agens und Thema zusammenfallen. Dieser Unterschied wird jedoch weitreichende Konsequenzen für die Nominalisierbarkeit der Verben haben.

(f) *VAT-Verben mit einem Zentrum-Argument (VATZ-Verben)*: Die Verben dieser Gruppe haben in der Regel drei Argumente, neben

Agens/Experiencer und Thema/Patiens weisen sie auch ein Zentrum/Ziel-Argument auf. Ein Zentrum/Ziel-Argument verdeutlicht etwas, worauf die verbale Aktivität ausgerichtet ist, das auch als Nutznießer (Benefiziert) erscheinen kann. Es unterscheidet vom Thema/Patiens-Argument darin, dass es im Satz meistens im Dativ (oder als PP paraphrasiert) erscheint. Ein gutes Beispiel stellt das Verb *schicken* dar:

(32) schicken (x   (y   (z)))   {x schickt z an y}
          Agens Ziel   Thema

In einer AS wie (32) stellt das Agens-Argument das externe und das Thema-Argument das interne Argument dar. Das Zentrum/Ziel-Argument dagegen ist weder extern noch intern.

(g) *VA-Verben mit einem Zentrum-Argument (VAZ-Verben)*: Auch VA-Verben (Gruppe (b) oben) können Zentrum/Ziel-Argu-mente aufweisen. In solchen Fällen tendiert das externe Argument zur Experiencer-Rolle und das Zentrum/Ziel-Argument erscheint als intern (realisiert zumeist als PP):

(33) glauben (x   (y))   {x glaubt an y}
          Exp.   Zentrum/Ziel

(h) *VA- bzw. VAT-Verben mit Lokativ-Argument*: Eine kleine Klasse von einstelligen und zweistelligen Verben (VA- und VAT-Verben) kann zusätzlich ein Lokativ-Argument haben, welches dann ebenfalls die Nominalisierbarkeit beeinflussen kann. Verben dieser Klasse, wie etwa *wohnen, ankommen in, vorbeigehen an*, weisen typischerweise PP-Objekte auf. Die AS wird in (34) exemplifiziert:

(34) ankommen (x   (y))   {x kommt in y an}
              Agens Lokativ

(i) *Verben mit Agens-Instrumental-Alternation*: Die Verben dieser Klasse weisen eine spezifische Konstellation inbezug auf die Subjektposition im Satz auf. Diese hebt auf die Unterscheidung zwischen belebten (sprich: Agens) und unbelebten Subjekten (sprich: Instrumental) ab. Ein typisches Verb ist *öffnen* (weshalb diese Klasse öfters auch als *öffnen*-Klasse bezeichnet wird). Agens und Instrumental alternieren nun als externe Argumente:

(35) öffnen   (x   (y))   {jmd./etw. (=x) öffnet y}
          Agens/Instrum. Thema

(j) *Verben mit propositionalem Argument*: Die 'Verben des Sagens' bilden traditionell gesprochen den Kern dieser Gruppe. Unter der Annahme von Polysemie gehören aber auch die propositionalen Varianten von VA- und VAT-Verben zu dieser Gruppe, vgl. *meinen dass, finden dass, spüren dass* etc. Auch die sog. 'Brückenverben' (z.B. *Klaus behauptet, er sei ein Freund der Reformen*) können hierher gezählt werden, ganauso wie AcI-Verben (z.B. *Thomas sieht ihren Freund rauchen*) und satzwertige Infinitive einbettende Verben. (36) zeigt die entsprechende AS:

(36) zusehen (x   (y))   {x sieht zu dass y}
               Agens/Exp.   Proposition

(iii) Durch Nominalisierung entstandene relationale Nomina: Da die Relationalität des abgeleiteten Nomens im Grunde genommen die Beziehung zwischen den Argumenten des Ausgangsverbs und des Nomens betrifft, beginnen wir mit einem kleinen Vergleich auf der Satzebene. Die fraglichen Satzglieder sind in (37) und (38) entsprechend markiert, cf.

(37) [$_{SU}$ Die Opposition] hat [$_{OBJ}$ den Minister] verunglimpft.
(38) a. die Verunglimpfung [$_{G\text{-}OB}$ des Ministers] [$_{SU}$ durch die Opposition]
       b. die Verunglimpfung [$_{SU}$ durch die Opposition] (hat dem Minister zugesetzt)
       c. die Verunglimpfung (hat drei Stunden gedauert)

Das Objekt des Verbs *verunglimpfen* wird beim abgeleiteten Nomen *Verunglimpfung* als Genitivattribut (G-OB) realisiert, s. (38a). Die Subjektkonstituente (SU) wird hingegen – dem Passiv ähnlich – durch eine *durch*-Phrase an das Nomen angeschlossen. Wie jedoch der Kontrast zwischen (38b) und (38c) zeigt, sind beim Nomen sowohl Subjekt- als auch Objektkonstituenten fakultativ. Diese potenzielle Ergänzbarkeit von abgeleiteten Nomina durch Konstituenten, die obligatorische Mitspieler des Basisverbs sind, hat in der Literatur zur Annahme der Argumentvererbung geführt (vgl. Toman 1987). Sie besagt, dass die mit dem Verbstamm assoziierten Argumente (oder: die gesamte Argumentstruktur des Verbs) an das abgeleitete Nomen vererbt werden (wird), die in der Syntax kontextabhängig realisiert werden können (kann).

Den Mechanismus der Vererbung bzw. ihre „Abarbeitung" in der Syntax wollen wir an Hand eines Beispiels näher erläutern. Für das Verb *übersetzen* können wir folgende AS annehmen:

(39) übersetzen   (x (y (z)))   {x übersetzt z in y}

Die Argumente des Verbs erscheinen in einem Satz wie (40), und in einer Nominalphrase können sie wie (41) realisiert werden:

(40) Luther (=x) hat die Bibel (=z) ins Deutsche (=y) übersetzt.
(41) a. die Übersetzung der Bibel (=z) durch Luther (=x) ins Deutsche (=y)
       b. die Bibelübersetzung durch Luther (=x) ins Deutsche (=y)

(41a) und (41b) zeigen die zwei unterschiedlichen Realisierungs-
möglichkeiten der Argumente beim abgeleiteten Wort. In (41a)
wird das Genitivattribut *der Bibel* außerhalb des Derivats realisiert,
während in (41b) eine wortinterne Realisierung desselben Arguments vorliegt. Letztere werden auch als Rektionskomposita bezeichnet, zumal bei ihnen das Erstglied als Argument des Zweitgliedes verstanden wird. Sie werden in Form einer binär (zweifach)
verzweigenden Baumstruktur dargestellt:

(42)   (die)   N [x+y]   (durch Luther ins Deutsche)

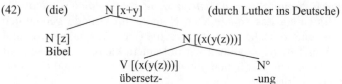

Das fragliche Erstglied der Rektionskomposita ist meistens das interne Thema- oder Patiens-Argument des Basisverbs (darin ist ein
Unterschied zu internen Agens- oder Experiencer-Argumenten anzumerken). Zur Baumstruktur sind nun weitere Bemerkungen notwendig.

Das Nomen *Übersetzung* besteht aus dem Verbstamm *über-
setz__*, der die entsprechende Argumentstruktur aufweist, und aus
dem nominalen Suffix $N°$, das auch die Kategorie des Derivats
bestimmt (man nennt ihn auch den **morphologischen Kopf**). Die
drei Argumente des Basisverbs werden an das abgeleitete Nomen
vererbt (die eckigen Klammern deuten hier die Fakultativität an),
wodurch dieses als relational angesehen werden muss. Die so
geerbten Argumente können dann inner- oder außerhalb der Wortgrenze erscheinen. Die wortinterne Realisierung (häufig auch kom-
positumsintern genannt) betrifft in unserem Fall das *z*-Argument
Bibel. Der Rest der Argumentstruktur wird weiter nach oben gereicht (sprich: vererbt) an den obersten N-Knoten. Für die Argumente *x* und *y* ist jedoch keine weitere kompositumsinterne Realisierung denkbar, wenn überhaupt, müssen sie kompositumsextern
bleiben. Der morphologische Kopf ist also mit dem Suffix *-ung* zu
identifizieren, während das Kompositum *Bibelübersetzung* den Status eines **syntaktischen Kopfes** haben kann, zumal es die weiteren
Argumente zu einer Phrase projizieren kann (wie man von (42) sehen kann, kommt eine solche Eigenschaft dem Suffix überhaupt
nicht zu, vgl. jedoch Siebert (1999/2015) für die entgegengesetzte
Auffassung).

Auf ähnliche Art und Weise können wir die wortexterne Realisierung der geerbten Argumente konstruieren. Dies ist dann der

Fall, wenn geerbte Argumente nicht innerhalb des Wortes, sondern außerhalb, in einer syntaktischen Phrase realisiert werden, vgl. (43):

(43) (die)

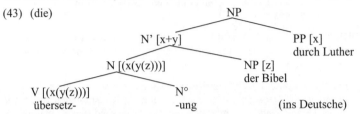

V [(x(y(z)))]
übersetz-   -ung   (ins Deutsche)

Die Annahme der Argumentvererbung hat auch weitere Konsequenzen. Sofern deverbale Derivate die Argumentstruktur der Basis erben, ist die Realisierung (auch Projektion genannt) der übernommenen Argumente nur denkbar, wenn Suffixe durchlässig für Argumente des Schwestergliedes sind (so muss in (43) -*ung* für die Argumente von *übersetz__* durchlässig sein). Die Durchlässigkeit des Suffixes hinsichtlich Argumentvererbung ist jedoch recht unterschiedlich. Vor dem Hintergrund von Fabricius-Hansen (1993) unterscheiden wir vier Bezugsmöglichkeiten der projizierten Argumente (realisiert als Genitivattribute), vgl.:

(44) a. Zweitgliedbezug des Attributs: die Friedensbeteuerungen der USA
     b. Erstgliedbezug des Attributs: ?die Angriffswahrscheinlichkeit durch den Irak
     c. Doppelbezug des Attributs: die Begleitumstände des Urnengangs
     d. Gesamtbezug des Attributs: ??/* die Importpolitik der Bundesrepublik mit spaltbarem Material

Wie man von den Daten sieht, sind zwei Konstellationen der Rektionskomposita ohne Einfluss auf die Grammatikalität: Zweitglied- und Doppelbezug liefern einwandfreie Beispiele. In diesen Fällen scheinen die jeweiligen Zweitglieder -*beteuerungen* und -*umstände* durchlässig zu sein, damit ein Bezug zum Attribut hergestellt wird (vgl. *die USA beteuern Frieden* vs. *die Umstände begleiten den Urnengang*). Diesen gegenüber sind Erstglied- und Gesamtbezug (wo das Attribut auf keines der Teile des Rektionskompositums bezogen werden kann, und daher als Gesamtkonstruktion interpretiert wird) weniger wohlgeformt (vgl. *der Irak greift wahrscheinlich an* vs. *??die Bundesrepublik betreibt eine Importpolitik mit spaltbarem Material*). In Toman (1987) wird hierfür geltend gemacht, dass es besondere (morphologische) Kopftypen wie -*Zeit*, -*Aktion*, -*Grad* oder -*Umstand* gibt, die immer durchlässig sind, etwa im Gegensatz zu Nomina wie z.B. *Zimmer*, vgl.

(45) a. die Wartezeit auf die Lieferung
   b. die Fahndungsaktion nach Heini Müller
   c. ??/* das Verhandlungszimmer mit dem amerikanischen
       Außenminister

Aufgrund dieser Fakten können wir nun eine erste Einschränkung für die Realisierung (Projektion) der geerbten Argumente wie in (46) formulieren:

(46) Projektionsforderung (PF) für Rektionskomposita im Deutschen
   In einem Rektionskompositum aus deverbalen Konstituenten (oder mit deverbalem Zweitglied), projiziert nur das Zweitglied (der Kopf) die AS seiner Basis.

In Reis (1988) werden Daten wie in (47) zitiert, die auf eine weitere Regularität verweisen, vgl.:

(47) a. der Briefschreiber an 'Die Zeit'
   b. *der Schreiber an Max
   c. der Schreiber des Briefes an 'Die Zeit'

Zur Klärung der Datenlage in (47) nehmen wir für das Basisverb *schreiben* eine Argumentstruktur wie (48) an:

(48) schreiben   (x   (y   (z)))
                Agens Ziel Thema

Somit liegt in (47c) eine wortexterne Projektion der ererbten Argumente vor, das interne z-Argument (*Brief*) wird als Genitivattribut, das weniger interne y-Argument (*'Die Zeit'*) als PP realisiert. In (47a) haben wir hingegen mit der Kombination von wortexterner und wortinterner Projektion zu tun: das z-Argument wird wortintern realisiert und das y-Argument als PP. Die Tatsache, dass weder (47a) noch (47c) durch ein Agens-Argument erweiterbar sind, deutet darauf hin, dass es bereits durch die Nomen Agentis Lesart gesättigt ist (s. weiter oben). Vor diesem Hintergrund kann man der Ungrammatikalität von (47b) durch eine Regularität wie (49) gerecht werden:

(49) Projektionsregularität (PR)
   Die nach der Projektionsforderung (PF) zu erfolgende Projektion der geerbten Argumente vollzieht sich vom internsten Argument zum externen hin, wobei kein Argument übersprungen werden darf.

Durch (49) wird klar, dass in (47b) das Thema-Argument unrealisiert bleibt und dies der Grund für die Ungrammatikalität ist.

Aufgabe 14: In Kap. 2.2 haben wir die Bildungseinschränkungen für die *-er* und die *-ung*-Nominalisierung zusammengetragen. Versuchen Sie, diese vor dem Hintergrund der oben aufgestellten 10 Verbklassen neu zu formulieren. Kommentieren sie mögliche Problemfälle.

Aufgabe 15: In Olsen (1986) wird geltend gemacht, dass das Projektionsprinzip der Syntax auch für die geerbten Argumente von Nomina anzuwenden ist. Recherchieren Sie über diesen Vorschlag und problematisieren Sie unter diesem Aspekt die kompositumsinterne Realisierung von Argumenten.

Aufgabe 16: Deuten Sie folgende Daten (a-c) unter der Annahme der obigen Verbklassen und der geltend gemachten Regularitäten der A-Vererbung:

a. Diplomatenjagd, Kinderschreien
b. Staatsdiener, Geburtshelfer, Helfershelfer
c. Kantensitzer, Hosenscheisser

Wie müssen auch darauf verweisen, dass nicht nur Verben und Nomina relational sein können. Diese Eigenschaft haben auch (abgeleitete) Adjektive wie etwa *bedürftig* in *hilfsbedürftig* (*jd. ist der Hilfe bedürftig*) oder *freundlich* in *unternehmerfreundlich* (*etw. ist freundlich/günstig für die Unternehmer*), *ähnlich* in *menschenähnlich* (*etw. ist den Menschen ähnlich*) oder *bereit* in *diskussionsbereit* (*jd. ist zur Diskussion bereit*). Die Mehrheit der adjektivischen Rektionskomposita kann dadurch charakterisiert werden, dass das interne Argument des Basisadjektivs (z.B. *ähnlich* hat die AS: *ähnlich (x (y))*, d.h. {x ist y ähnlich}) wortintern realisiert wird und das externe Argument syntaktisch auftritt, wie etwa in der Phrase *eine/die unternehmerfreundliche Umgebung*. Wir verweisen darauf, dass diese Ableitung besonders produktiv reihenbildend ist (s. Barz 2006: 758), und somit weitere Berührungspunkte mit dem Begriff 'Suffixoid' liefert (vgl. das Ende von Kap. 2.4 oben).

Eine weitere Bemerkung gebührt den deverbalen *-bar*-Adjektiven in diesem Zusammenhang. Da ihre typische Basis ein VAT-Verb ist, entwickeln sie im Laufe der Realisierung der zu Grunde liegenden Argumente eine gewisse Parallelität mit dem *werden*-Passiv (vgl. oben *die Aufgabe ist für Renate lösbar* vs. *die Aufgabe kann von Renate gelöst werden*). Diese besteht darin, dass das interne Thema-Argument der Basis in ein syntaktisches Subjekt konvertiert wird und das externe in Form einer PP der Konstruktion hinzugefügt wird/werden kann. Diese Nähe zur Syntax des Basisverbs ist gleichzeitig ein Grund dafür, dass im Bereich der *-bar*-Adjektive Rektionskomposita unüblich sind. Ein weiteres Phänomen dieser Art ist es, dass Zentrum-Argumente vererbt werden können wie etwa in *der Wunsch ist dem Mandanten verwehrbar* oder *die Bücher sind den Studenten verschenkbar*, etwa im Gegensatz zu nominalen Suffixbildungen.

Grundbegriffe: Nomen Agentis/Instrumentalis/Loci/Patientis, Affixvariante, Suffixoid, Rückbildung, Grundstamm, Kompositionsstamm, Derivationsstamm, Konfixstamm, inhärent relationale Nomina, Argumentvererbung

Weiterführende Literatur: Alexiadou (2014), Booij & Lieber (2004), Meibauer et al. (2007, Kap. 2.6), Szigeti (2002/2013: 29-39), Eisenberg (1998, Kap. 6-7), Primus (2012).

3. Präfigierung

Unter Präfigierung (oder auch: Präfixbildung) verstehen wir eine Linkserweiterung des Stammes durch geeignete Elemente. Präfixe können in der Regel leicht identifiziert werden und bereichern vor allem die verbale Wortbildung. Darüber hinaus gibt es eine sehr limitierte Anzahl von nominalen Präfixen, die Substantive und Adjektive ableiten. Diese werden wir unter nominaler Präfixbildung behandeln, zumal die adjektivische Präfixbildung einen sehr kleinen Bereich ausmacht.

Präfixen wird generell keine wortartbestimmende Funktion zugeschrieben (mögliche Störfälle hierfür werden weiter unten besprochen). Dagegen gilt als allgemein akzeptiert, dass Präfixe den Stamm modifizieren. Diese Modifizierung erscheint im nominaladjektivischen Bereich als semantische Ausfächerung der Basisbedeutung, während bei Verben tiefer wirkende Veränderungen, wie etwa Modifizierung der Argumentstruktur der Basis, auftreten (können).

3.1 Nominale Präfixbildung

Der Bestand der heimischen Präfixe besteht aus insgesamt sechs Elementen: *erz-, ge-, haupt-, miss-, un-* und *ur-* (vgl. Barz 2006). Nicht alle von ihnen werden einhellig als Präfixe gehandelt. Altmann & Kemmerling (2000: 108f.) identifizieren nur *un-* und *ge-* als eindeutig Nomina ableitenden Präfixe (in Resten auch *be-* wie etwa in *Behuf* oder *Behörde*), wobei *un-* auch Adjektive deriviert. Sie ordnen WB-Produkte mit *haupt-, erz-* oder *ur-* eher den Komposita zu.

Demgegenüber konzediert Eisenberg (2006: 247) im Sinne von Erben (2000) und Fleischer & Barz (1992) *un-, ur-, miss-* und *erz-*

als Kernpräfixe des nominalen Bereichs, wozu *ge-* als wohl peripheres Element hinzukommt. Somit bleibt für die obige Gruppe der Status von *haupt-* als Präfix zu klären. Folgendes gilt dabei zu bedenken. Das Element *haupt-* ist genauso wie die anderen vier Kernpräfixe immer (haupt)betont, was eher unerwartet wäre, wenn es Erstglied einer Komposition wäre. Modifiziert es ein Basiswort, dann ist die modifizierte Bedeutung kompositionell nicht herleitbar (vielmehr kann es als ‚wichtig' paraphrasiert werden), was ebenfalls eine typische Eigenschaft für Präfixe ist. Darüber hinaus ist es auch stark reihenbildend. Diese Elemente sind unter diachronem Aspekt wohl als Komposita anzusehen, synchronisch können sie jedoch mindestens als **Präfixoide** (eine Übergangsform zwischen Präfix und freiem Erstglied), oder sogar als Präfixe gelten.

Der kleinen Anzahl heimischer Nominalpräfixe steht eine größere Menge nichtnativer Präfixe gegenüber, (1) enthält einige nominale und adjektivische Beispiele dafür (Barz (2006: 731) gibt eine unvollständige Liste von 19 Fremdpräfixen):

(1) a. **A**synergie, **De**generation, **Trans**kultur, **Ultra**konservativ,
Interdisziplin, **Ex**minister
  b. **ad**nominal, **de**verbal, **extra**leicht, **a**politisch, **inter**national

Wie aus diesen wenigen Beispielen ersichtlich, ist es nicht einfach ein einheitliches Muster der Fremdwortpräfigierung zu finden. Man kann jedoch typische Bedeutungsnischen identifizieren, die mit der Benutzung bestimmter Fremdpräfixe einhergehen. Gute Kandidaten hierfür sind (unabhängig von der Zielkategorie der Derivation): (a) Steigerung, mit Präfixen *ultra-*, *extra-*, *hyper-* oder *super-* (b) Negation mit *a-*, *anti-* und *non-* (eine Abschwächung hierzu eher im Sinne von ‚falsch' stellen die Präfixe *de-*, *des-* oder *dis-* dar) oder (c) Relation wie im Falle der Präfixe *ad-*, *de-*, *trans-*, *intra-* oder *inter-*. Man sieht schnell ein, dass manche Präfixe fremdsprachliche Varianten von einander sind und ihr Vorkommen daher größtenteils idiosynkratisch ist. Da sich jedoch manche Fremdpräfixe (anders als Fremdsuffixe) auch mit nativen Stämmen verbinden können, lassen sich entsprechende Aussagen über ihre Produktivität formulieren. Alles in allem gilt, dass fremdpräfigierte Wörter im akademischen Sprachgebrauch überwiegen. Nichtsdestotrotz fällt auf, dass Steigerungen der obigen Art in der Umgangssprache besonders beliebt sind und die erwähnten Präfixe in dieser Bedeutung sehr produktiv sind (vgl. *Extrawurst, Ultraidiot, superschnell* oder *Hyperinflation*).

Man kann die nativen Substantivpräfixe (bis auf *ge-*) auch den beiden obigen Bereichen 'Steigerung' und 'Negation' zuordnen. So bilden *erz-*, *ur-* und *haupt-* Steigerungsformen und die Präfixe *miss-* oder *un-* drücken eine Art Negation aus (obwohl bei *un-* sporadisch auch Steigerungen denkbar sein können, vgl. *Unsumme*).

Das Präfix *miss-* weist näher betrachtet zwei wesentliche Lesarten auf, vgl. (2):

(2) a. missverständlich, Missgeburt, Missbrauch, missmanagen
   b. Missachtung, missgünstig, Misserfolg

Den Beitrag von *miss-* kann man für die erste Gruppe als ‚falsch', ‚nicht korrekt' beschreiben, wohingegen die WB-Produkte in der Gruppe (2b) eine richtige Negation innehaben. Diese zweite Lesart gilt als stark idiomatisiert. In der ersten Lesart scheint *miss-* sporadisch sogar produktiv zu sein, wie etwa das Beispiel *missmanagen* (vgl. auch *Missmanagement*) zeigt.

Altmann & Kemmerling (2000: 138) sehen *miss-* weder als Präfix noch als Kompositionsteil an. Für *miss-* gehen sie davon aus, dass die relevanten Daten zweierlei nahelegen. Erstens wären Daten wie *Missgeburt*, *Missetat* oder *Misston* diachronisch auf entsprechende Verben zurückzuführen, die jedoch synchron nicht mehr existieren (vgl. **misstönen* oder **missetun*). Synchronisch seien sie wohl als Komposita zu analysieren, zusammen mit Daten wie *Missernte* oder *Misswirtschaft*, obwohl zugegebenermaßen der Status des Erstglieds *miss-* nach wie vor unklar bleibt (man findet es nicht als freies Morphem vor). Zweitens betrachten sie Nominalisierungen mit *miss-* + *Verb*, wie *Misstrauen* oder *Missbrauch* als Konversion, oder als Suffixbildung wie im Falle von *Missachtung* oder *Misshandlung*. Wir gehen diesen Auffssungen gegenüber davon aus, dass *miss-* diachronisch als Verbalpräfix etabliert wurde. Da die so gebildeten Verben nicht mehr exisitieren, wurde das Präfix für den nominalen Bereich etabliert.

Das Präfix *un-* ist ebenfalls alter Herkunft (belegt bereits im Gotischen). Ähnlich wie im Falle von *miss-*, finden wir auch hier eine Reihe von WB-Produkten vor, bei denen die Basis nicht mehr existiert, wie *unwirsch* (**wirsch*) oder *Ungetüm* (**Getüm*). Eine andere Stufe der Idiomatisierung weisen dann diejenigen Ableitungen auf, die zwar ein synchron sinnvolles Basiswort aufweisen, deren Gesamtbedeutung jedoch nicht mehr kompositionell erschließbar ist, vgl. *unverfroren* oder *Unrat*.

Auch für die produktiven Fälle sind Unterschiede festzuhalten. *Un-* ist mit Adjektiven mehr produktiv als mit Substantiven sowohl was die Basis als auch was die Zielkategorie betrifft. Nach Eisenberg (2006) ist auch eine leichte Tendenz zur bevorzugten Benutzung von komplexen adjektivischen Basen zu beobachten, insbesondere in Fällen, wo die Basis produktiv gebildet wird, wie etwa von Basen mit einem Partizip, vgl. *unbegrenzt, unbeobachtet* oder von bereits abgeleiteten Basen, vgl. *unvorhersagbar* und *unkünstlerisch*. Die Bildung von *un*-Derivaten aus einfachen Basen (vgl. *untreu, unschön* oder *undicht*) kann einerseits durch lexikalische Blockierung begrenzt sein (vgl. **unjung* oder **unkalt*) andrerseits aber durch die begrenzte Anzahl der Basen selbst.

Wir können in diesem Zusammenhang die oben gemachte Aussage, *un-* drücke eine Art Negation aus, weiter präzisieren, indem wir zwischen konträrem und kontradiktorischem Gegenteil unterscheiden. Kontradiktorische Gegenteile sind solche, zwischen deren Endpunkten keine Graduierung denkbar ist, wie etwa *lebendig* vs. *tot*, weshalb dieses auch als klassifikatorisches Gegenteil genannt wird. Konträres Gegenteil zeigen Wörter wie *jung* vs. *alt*, die eine Graduierung zwischen den beiden zulassen. Adjektive mit *un-* bilden nun die beiden Arten der Gegenteile, wie dies von Eisenberg (2006: 250) zusammengetragen wird:

(3) a. konträr: unschön, unklug, unklar, unbequem
     b. kontradiktorisch: ungiftig, uneßbar, unfruchtbar, unerwünscht

---

Aufgabe 1: Man findet auch mehrfach komplexe Nominalderivate mit *un-*, die interessante Fragen aufwerfen (vgl. Eisenberg 2006: 249):

a. Unbrauchbarkeit, Unnützlichkeit, Unfarbigkeit
b. Unbeobachtetheit, Unbewiesenheit
c. *Wirtlichkeit, *Beobachtetheit

Versuchen Sie durch die Auswertung der Daten eine Reihenfolge der Ableitungen festzustellen.

Unter dem Stichpunkt der Graduierung können die weiteren drei Nominalpräfixe *ur-*, *erz-* und *haupt-* eingeordnet werden. In Barz (2006:740) wird dafür die Dichotomie **Taxierung** vs. **Augmentation** verwendet, vgl. (4a-b):

(4) a. Hauptgebäude, Hauptaugenmerk, Ureinwohner, Urtext, uralt
     b. Erzfeind, erzfaul, Erzschurke, erzgeil (auch: Unmensch)

Taxierung (=Graduierung) wird also in (4a) im Sinne von ‚wichtig', ‚das wichtigste' mit dem Präfix *haupt-* oder als ‚sehr', ‚ursprünglich' mit dem Präfix *ur-* erreicht. Augmentation dagegen ist, wenn durch die Präfigierung dem WB-Produkt eine zusätzliche Bewertung als sehr positiv oder äußerst negativ zukommt. Zu dieser Gruppe können u.U. auch denominale *un*-Derivate gehören. Diesen Mustern ist jedoch gemeinsam, dass sie nicht mehr produktiv sind.

Das Präfix *ge-* ist *un-* insofern ähnlich, dass es sehr alt ist und deshalb ähnliche Grade der Idiomatisierung aufweist. Aktiv leitet es Kollektiva aus Nomina und Verben ab, vgl. (5):

(5) a. Getier, Gebüsch, Geäst, Geflügel
     b. Geschenk, Gebell, Gesang, Geflecht

Abgesehen davon, dass alle Beispiele auf den ersten Blick als idiomatisiert wirken, zeigen sie auch wesentliche Unterschiede. So ist in (5a) der nominale Charakter eindeutig: *ge-* bildet ein Nomen aus einem Nomen (obwohl die Präfigierung das Genus der Basis verändert, vgl. *der Busch* aber *das Gebüsch* oder *der Ast* aber *das Geäst*). In (5b) hingegen sind die Basen Verbstämme wie *schenk__*, *flecht__* oder *sang__*. Durch die Hinzufügung von *ge-* ändert sich jedoch die Zielkategorie. Diese Eigenschaft ist eher ungewöhnlich für Präfixe, sie ist völlig normal für Suffixe. Als letzte Konsequenz müssten wir annehmen, dass es zwei *ge*-Präfixe gibt. Das eine wäre denominal, s. (5a) und das andere deverbal, s. (5b), das auch kategorienverändernd ist. Die andere Möglichkeit, die Daten nach (5b) als Umkategorisierungen von Partizipstämmen zu betrachten, scheidet deshalb aus, weil es z.B. zum Verb *singen* kein Partizip *gesang__* oder zum Verb *flechten* keins der Form *geflecht__* existieren.

Es ist eine einhellige Annahme in der Literatur, dass (5a-b) nicht mehr produktiv sind. Aufgrund von Eisenberg (2006) können wir dafür etwa folgende Argumente festhalten. Die Daten haben einen hohen Grad an Idiomatisierung, was für produktive Neubildungen uncharakteristisch ist. Der häufige Umlaut in WB-Produkten á la (5a) und mögliche Nominalisierungen von Ablautstämmen, denkbar wie in (5b), sind im heutigen Deutsch auch nicht mit produktiven WB-Mustern verbunden.

Schließlich verweisen wir darauf, dass es zu Bildungen nach (5b) eine hochproduktive Variante gibt. Diese sind Zirkumfixbildungen wie *Gejammere*, *Gelaufe* oder *Gegeige*. Sie werden in Kapitel 4 weiter unten besprochen.

3.2 Präfixverbbildung

Im Bereich der verbalen Präfixbildung müssen wir als Ausgangspunkt zwischen zwei unterschiedlichen Mustern unterscheiden. Das erste werden wir **Präfixverbbildung** (auch: Präfixderivation genannt), das andere **Partikelverbbildung** nennen. Der wesentliche Unterschied zwischen diesen besteht in Bezug auf die linken Erweiterungskategorien. So weisen Präfixverben ein Erstglied auf, das sich zwar als Präfix eindeutig identifizieren lässt, aber vom Stamm nie getrennt wird (weder syntaktisch noch morphologisch). Demgegenüber ist es gerade diese Trennbarkeit vom Stamm, das das wichtigste Merkmal der Verbpartikeln darstellt. Im vorliegenden Unterkapitel wird es sich um die Präfixverben handeln, Partikelverben werden ausführlich im Unterkapitel 3.4 besprochen.

Die syntaktisch-morphologische Untrennbarkeit der Präfixverben korreliert mit weiteren relevanten Eigenschaften dieser WB-Produkte. Das Präfix ist in der Regel unbetont, die Derivate weisen Stammbetonung auf. Auch das Paradigma des Verbs hat seine Eigentümlichkeit: Da das Präfix nicht getrennt wird, erscheint auch kein *ge-*, wenn ein Partizip II gebildet wird (vgl. *umstellen*: *er umstellte* und *hat umstellt*, bzw. *zu umstellen*), also die Sequenz *ge+Präfix* ist ausgeschlossen. In dieser Eigenschaft ähneln sie den Verben, die durch *-(is)ier(en)* abgeleitet sind.

Drei weitere Veränderungen optionaler Natur als Folgen der Präfixderivation sind von besonderem Interesse. Die eine hebt darauf ab, dass sich die Argumentstruktur verändert, und z.B. intransitive Verben (typischerweise VA-Verben) transitiv werden (also VAT-Verben), vgl. *ringen* vs. *erringen* oder *fahren* vs. *befahren*. Die zweite Veränderung kommt in Form der Hilfsverbselektion bei der Perfektbildung zu Stande, vgl. *ist gefahren* vs. *hat befahren*. Drittens kann man beobachten, dass starke Basisverben in Folge der Präfigierung als schwach kategorisiert werden können, vgl. *tragen – trug* aber *beauftragen – beauftragte*. Dies scheint mit dem präverbalen Komplex *Präfix+Partikel* zu korrelieren, die als marginal (und stark idiomatisiert) erscheint.

Die Präfixe sind zahlreich und sie bilden grundsätzlich zwei Klassen: (a) Präfixe ohne homonyme Verbpartikel (Präposition) und (b) solche, die formgleich mit einer Verbpartikel/Präposition sind, vgl:

(6) a. befahren, erhitzen, entstauben, zermürben
     b. umfahren, durchstreifen, unterlaufen

Für beide Klassen der Präfixe gilt indes, dass ihre Basen die drei morphologischen Hauptwortarten, Verb, Nomen, Adjektiv repräsentieren können. In (7) steht eine Übersicht (vgl. Barz 2006: 699):

(7) V > V
(a) **be**fahren, **ent**sichern, **er**ringen, **miss**deuten, **ver**brauchen, **zer**schneiden
(b) **durch**schreiten, **hinter**fragen, **über**tragen, **um**sorgen, **unter**laufen, **wider**sprechen
N > V
(c) **be**sohlen, **ent**kräften, **er**hitzen, **ver**silbern, **zer**stückeln
(d) **durch**löchern, **über**lagern, **um**hüllen, **unter**kellern
A > V
(e) **be**freien, **ent**blößen, **er**röten, **ver**kleinern, **zer**mürben
(f) **durch**feuchten, **über**raschen, **um**runden, **unter**breiten

Nicht alle dieser Muster sind gleich produktiv. Während bei den verbalen Basen (7a-b) keine Dominanz des einen oder des anderen Musters auszumachen ist, dominieren bei den Desubstantiva *be-*, *ent-* und *ver-*, bei den Deadjektiva *ver-*. Letztere bevorzugen auch einfache Basen. Eisenberg (2006) verweist in diesem Zusammenhang darauf, dass weniger als ein Dutzend Präfixe zum Kernbereich dieser Derivation gehören: *durch-*, *hinter-*, *über-*, *um-* und *unter-* aus der zweiten Gruppe, vgl. (7b,d,f) und *be-*, *ent-*, *er-*, *ver-* und *zer-* aus der ersten, vgl. (7a,c,e).

Was den Einfluss der Präfigierung auf die WB-Bedeutung betrifft, findet man unterschiedliche Klassifizierungen der Verben vor. Diese fallen je nach Klassifizierungskriterium und Basis unterschiedlich aus, man findet keine Einheitlichkeit vor. Auf diese gehen wir daher nicht weiter ein, man vgl. dazu etwa Eisenberg (2006: 256) oder Barz (2006: 704f.) und dort genannte Literatur.

Aufgabe 2: Versuchen Sie, den Motivationsgrad der folgenden Daten zu charakterisieren:

unterbreiten, unterbrechen, unterlaufen, unterschlagen, hintergehen, hinterfragen, hinterlegen

Aufgabe 3: Eine häufige Klassifizierung der Präfixverben geschieht nach der Aktionsart, d.h. nach der Verlaufsweise des verbalen Geschehens. Recherchieren Sie zu diesem Konzept in den gängigen Grammatiken und finden Sie einige Korrelationen zwischen Aktionsarten und mit ihnen korrespondierenden Präfixen/Präfixderivaten.

Systematisch wichtiger als Klassifikationen erscheinen die Veränderungen der Argumentstrukturen (des Subkategorisierungsrahmens) der Verben als Folge der Präfixderivation. Da Präfixverbbildung wesentlich mehr morphologisiert ist als Partikelverbbildung, liefert sie neben den in Kap. 2.7 unter (iii) genannten, weitere interessante Anhaltspunkte für den Einfluss der Argumentvererbung auf morphologische Prozesse.

Wir fangen mit *be-* und *ent-*Präfigierung bei den oben VATZ- und VAZ-Verben genannten Klassen an. Charakteristisch für diese Gruppe ist das Vorhandensein eines Arguments, das im Satz in der Regel im Dativ erscheint. Wir können zwei entgegengesetzte Tendenzen ausmachen. Erstens kann in Sinne der allgemeinen Tendenz zum Dativschwund ein Dativ-Argument durch die Präfixderivation eliminiert werden, vgl. *dem Staat dienen* vs. *den Staat bedienen*. In diesem Sinne wechselt ein VAZ-Verb wie *dienen* zur Klasse der VAT-Verben als Folge der Präfixderivation. Einfache VA-Verben wie *gehen, kommen* oder *ringen* werden zu VAZ-Verben durch die Einführung eines neuen (internen) Arguments im Dativ, wenn sie durch *ent-* präfigiert werden, vgl. *entgehen, entkommen* oder *entringen*, vgl. (8c). Dies passiert auch bei VAT-Verben, indem sie dreistellig werden, vgl. die Argumentstrukturen in (8a-b) als Beispiel:

(8) a. führen   (x   (y))   {x führt y}
            Agens Thema/Patiens

    b. entführen   (x   (z   (y)))   {x entführt z y}
            Agens Zentr. Thema/Patiens

    c. entkommen (x   (z))   {x entkommt z}
            Agens Zentrum

In seiner ursprünglichen Bedeutung präfigiert *ent-* vor allem nominale Basen, wie etwa in *entfetten, entkorken, entkleiden* oder *entsorgen* und leitet dadurch VAT-Verben (einfache transitive Verben) ab. Die *be-*präfigierten Verben verhalten sich häufig antonymisch dazu, vgl. *entkleiden* vs. *bekleiden, entsorgen* vs. *besorgen,* oder *entstauben* vs. *bestauben.* Auch *be-* leitet also transitive Verben ab. Seine Basen sind häufig (a) intransitiv (einfache VA-Verben) *fahren* (*etw. befahren*), *segeln* (*etw. besegeln*), *atmen* (*jdn. beatmen*); (b) VA-Verben mit einem anderen als Thema-Argument wie *denken an* (*etw. bedenken*), *folgen jdm./etw.* (*jdn./etw. befolgen*) und (c) manchmal auch prädikative Verbindungen der Art *ruhig/günstig sein* (*jdn. beruhigen/etw. begünstigen*). Alle diese Derivate bekommen ein zusätzliches Thema/Patiens-Argument eingeführt. Eine Sondergruppe hierzu bilden mehrstellige VAT-Basen wie *(jdm. etw.) liefern* (*jdn. mit etw. beliefern*) oder *(etw. an etw.) kleben* (*etw. mit etw. bekleben*), die neben dem Thema-Argument ein weiteres Argument aufweisen. Bei diesen wird durch die Derivation kein neues Argument eingeführt, sondern die Argumentstruktur der Basis umstrukturiert.

Diese Eigenschaft rückt diese und ähnliche Verben in die Nähe der nächsten Gruppe der Präfixderivate mit *über-*, *um-* und *durch-*. Die Parallelität der Konstruktionen zeigen etwa Sätze wie in (9), wobei in (9a) das einfache Basisverb und in (9b) das Präfixderivat auftritt; (9c) gilt als Kontrast für *be*-Verben, vgl.

(9) a. Sie streicht Farbe über den Riss.
     b. Sie überstreicht den Riss mit Farbe.
     c. Sie beklebt die Wand mit Plakaten.

Offensichtlich kann man eine Relation zwischen Sätzen wie (9a) und (9b) erkennen. Sie kann vor dem Hintergrund der Argumentstrukturen wie folgt charakterisiert werden. Das Verb *streichen* weist drei Argumente auf: Das Subjekt als Agens (*sie*), das reguläre (Akkusativ)Objekt als Thema/Patiens (*Farbe*) und eine Präpostionalgruppe (*über den Riss*), der wir die semantische Rolle Ziel (Zentrum) zuschreiben können (vgl. jedoch Eisenberg (2006: 257) für eine etwas andere Einschätzung der entnommenen Daten). Das Präfixverb hat ebenfalls drei Argumente. Das Subjekt-Argument ist nach wie vor ein Agens. Was sich verändert hingegen, sind die anderen zwei Argumente. Insbesondere stellt das Ziel/Zentrum-Argument das Objekt in (9b) und umgekehrt, wird das Objekt von (9a) eine Präpositionalgruppe in (9b) (*mit Farbe*). Diese Konstellation wollen wir als Thema/Patiens-Ziel/Zentrum-Alternation bezeichnen. Sie ist typisch für die obigen Applikativkonstruktionen.

Es gilt anzumerken, dass die angesprochene Alternation auch ihre Grenzen hat. Sie funktioniert nur, wenn die Basis die entsprechende Argumentstruktur aufweist. Dies ist bei einer großen Anzahl von Daten der Fall, wenn die Derivate durch *über-*, *durch-* oder *um-* abgeleitet wurden, vgl.

(10) a. überbacken, überbringen
      b. durchfahren, durchbohren, durchlüften, durchbrechen
      c. umstellen, umzäunen, umfassen, umhäkeln

Tendenziell ist darauf zu verweisen, dass die Alternation im Bereich der *durch*-Derivate, der *um*-Derivate und der oben genannten Gruppe der *be*-Präfigierungen am besten ausgeprägt ist, man findet weniger Beispiele für Präfixbildungen mit *über-*. Das liegt daran, dass viele Basen der *über*-Derivate entweder nominal sein können und daher nicht die geeignete AS haben (vgl. *überbrücken* vs. **brücken*) oder das Präfixderivat völlig idiomatisiert ist (vgl. *listen* vs. *überlisten* oder *holen* vs. *überholen*). Die Unterschiedlichkeit der Basen führt auch dazu, dass häufig nur eine Konstruktion nach (9b-c) denkbar ist, nicht aber eine nach (9a). Ähnliche Probleme findet man in geringerem Umfang auch bei denominalen *um-* und *durch-*Derivaten (vgl. etwa *umzäunen* oder *durchforsten*).

Aufgabe 4: Bei Eisenberg (2006: 260) finden Sie eine Liste mit *über-*Derivaten (Bsp. 9). Ermitteln Sie die Basen von 5 bis 8 Verben. Geben Sie dann die Argumentstruktur dieser Basen und der entsprechenden Präfixderivaten an. Benutzen Sie geeignete Sätze etwa nach dem Muster von (9) oben.

Es wurde auch versucht, die vorgestellte Alternation mit der Passivkonstruktion zu parallelisieren. Das *werden-*Passiv zeigt oberflächlich betrachtet eine ähnliche Konstellation: Die Argumentstruktur des aktivischen Ausgangsverbs bleibt zwar erhalten, die Argumente werden jedoch im Passivsatz mit anderen syntaktischen Positionen assoziiert. Regelgeleitet wird das Thema-Argument zum syntaktischen Subjekt und das Subjekt (=das Agens-Argument) zu einer *von-/durch-*Phrase konvertiert. Diese vermeintliche Parallelität scheitert aber daran, dass die Aktiv-Passiv-Diathese (auch Genus des Verbs/Verbi genannt) an das Paradigma desselben Verbs gebunden ist. Die Ziel/Zentrum-Thema/Patiens-Alternation setzt aber zwei unterschiedliche Verben voraus. Dafür sprechen letztendlich auch die bereits angesprochenen Diskrepanzen zwischen Basis und Präfixderivat.

Diese Sachlage wirft auch andere Fragen auf, die einmal mehr darauf hindeuten, dass Argumentvererbung ein wesentliches Verfahren der Grammatik darstellt. Die Annahme der A-Vererbung hilft nämlich, der Ziel-Thema-Alternation einfacher gerecht zu werden. Insbesondere erscheint sie für die produktiven Fälle der Alternation als nahezu zwingend. Sofern etwa in (9a) das Verb *streichen* die angedeutete AS hat, folgt daraus die AS des abgeleiteten Präfixverbs ohne zusätzliche Annahmen. Die unterschiedliche Funktion der geerbten Argumente kann dann mit der Syntax des neuen Verbs zusammenhängen. Diese Veränderung gilt als eine Folge der Derivation, ähnlich wie im Falle der Nominalisierungen, wo die syntaktische Form der Realisierung der Argumente der nominalen Umgebung angepasst wird.

Auch das oben motivierte Phänomen der Einführung neuer Argumente als Folge der Derivation kann als eine Instanz der A-Vererbung angesehen werden. Beispielsweise kann im Falle der *be-*Präfigierung von VA-Verben häufig eine optionale Präpositionalgruppe des Basisverbs als Objekt (=Thema-Argument) übernommen werden (vgl. *Er fährt auf der Bundesstraße 28* vs. *Er befährt die Bundesstraße 28*, ähnlich auch mit *segeln* vs. *besegeln*). Voraussetzung hierfür scheint die Interpretierbarkeit des fraglichen Mitspielers/Arguments als Ziel/Zentrum zu sein. Im Falle von Basen wie *atmen* wird hingegen das Subjekt (=Agens/Experiencer) zum Objekt (=Patiens) des Präfixverbs, vgl. *Der Kranke atmet* vs. *Der Arzt beatmet den Kranken*. Hierbei handelt es sich um die Einführung eines agentivischen Subjekts für das abgeleitete Verb.

Notorische Probleme gibt es jedoch bei Verben mit nominaler Basis (vgl. *umzäunen, überbrücken* oder *betischen*). Hier ist es auf Anhieb unklar, (a) ob/welche Argumentstruktur die jeweilige Basis aufweist (und wie nun die A-Vererbung funktionieren soll) und (b) wie das Präfixderivat überhaupt entsteht (wie die nominale Basis verbalisiert wird). Eine Alternative wäre, Präfixen die Eigenschaft zuzuschreiben, dass sie die Kategorie der Basis verändern können. Auf das Für und Wider zu diesen Annahmen wollen wir nun näher eingehen.

3.3   Intermezzo: Zur Rechtsköpfigkeit

Wie wir in Kapitel 2.7 unter (iii) oben kurz angesprochen haben, müssen wir zwischen morphologischem und syntaktischem Kopf unterscheiden. Der Begriff des morphologischen Kopfes, der uns im weiteren Verlauf interessieren wird, geht auf die Definition von Williams (1981) zurück, vgl.

(11)   Morphologischer Kopfbegriff:
       In der Morphologie identifizieren wir das rechte Element einer
       komplexen Wortstuktur als den morphologischen Kopf.

Der obige Begriff reflektiert das herkömmlich wohlbekannte Phänomen, dass Zweitglieder von komplexen Wörtern die grammatischen Eigenschaften derselben bestimmen. Dies erkennt man im Deutschen zumeist daran, dass z.B. Zweitglieder von Komposita das Genus des komplexen Wortes bestimmen, vgl. *das Haus* vs. *das Opernhaus* und Suffixe das Genus des Gesamtwortes vorgeben, vgl. *die Erfind-ung* oder *der Erfind-er*, bzw. die Wortart des Derivats herleiten, vgl. *les__* (Verb) vs. *les-bar* (Adjektiv). Dadurch gelten diese als morphologische Köpfe. Ähnliches wird generell für Präfigierungen angenommen. Nach (11) ist zu erwarten, dass Präfixe nicht morphologische Köpfe sein können, da sie linke Erweiterungen des Stammes darstellen. Somit wäre das rechts stehende Verb der morphologische Kopf. Gerade gegen diese Auffassung scheinen

jedoch denominale Präfixverben zu verstößen, zumal in ihnen das rechte Element nominal ist, aber das Gesamtwort ein Verb darstellt.

Unsere Regel der Rechtsköpfigkeit können wir wie in (12) formalisieren:

(12) $X° \rightarrow Y° X°$

Sie besagt, dass das links vom Pfeil stehende Element (=die Zielkategorie der Wortbildung) aus zwei Elementen zusammengefügt wird, wobei das rechte Element die gleichen Eigenschaften aufweist wie die Zielkategorie selbst. Technisch sagt man hierzu, dass Wortbildungsprodukte **endozentrisch** sind. Die hochgestellten Indizes verweisen auf den Umstand, dass sowohl die Ausgangs- als auch die Zielkategorie ein Element des Lexikons ist. In (13) stehen nun drei Konkretisierungen der abstrakten Regel, die auf den Begriff des Affixes zurückgreifen:

(13) a. $X \rightarrow Y + X$ (Komposition)   Bsp: Haus + Tür
     b. $X \rightarrow Y + Xaf$ (Suffigierung)   Bsp: erfind + ung
     c. $X \rightarrow Yaf + X$ (Präfigierung)   Bsp: durch + fahren

Im Folgenden gehen wir auf einige Konsequenzen des so konstruierten Rechtsköpfigkeitsbegriffs ein.

Wie man sieht, werden nach (13) sowohl freie wie auch gebundene Morpheme (=Affixe) als morphologische Köpfe gehandelt. Dies setzt im Grunde genommen voraus, dass all diese Elemente auf die gleiche Art und Weise im Lexikon in Form von vollständigen Lexikoneinheiten festgehalten werden (=**starke lexikalistische Hypothese**).

Gebundene Morpheme sind auf der anderen Seite nicht einheitlich: Präfixe sind keine morphologischen Köpfe, vgl. (13b) im Gegensatz zu (13c). Im Sinne der in Kapitel 1 oben motivierten Allomorphanalyse für Fugenelemente gelten diese nicht als selbstständige Morpheme, sondern sie gehören zum jeweils vorangehenden Glied. Daraus ergibt sich die Korrektheit von (14b) im Gegensatz zu (14a):

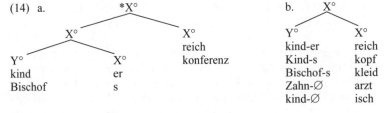

(14) a. $*X°$
     $X°$ $X°$
          reich
$Y°$ $X°$ konferenz
kind   er
Bischof   s

b. $X°$
$Y°$ $X°$
kind-er   reich
Kind-s   kopf
Bischof-s   kleid
Zahn-∅   arzt
kind-∅   isch

In (14b) wurde für die Beispiele *Zahnarzt* und *kindisch* eine weitere Kategorie eingeführt, das **Nullmorphem** (=∅). Das ist eine phonetisch leere aber morphologisch relevante Einheit, die aus Gründen der einheitlichen Strukturierung von komplexen Wörtern angenommen wird (etwa im Sinne von Bhatt 1991 und Olsen 1991). Auf diese Weise zeigt (14b) auch, dass das Nullmorphem notwendig ist und ein Allomorph sein kann (oder auch umgekehrt). Das Nullmorphem kann überall dort angenommen werden, wo der Stamm der Wortbildung der Grundstamm ist.

Flexionsmorpheme sind in diesem System zwar rechts stehende Elemente, aber keine morphologischen Köpfe, weil sie keine Wortartmarkierung tragen. Mit anderen Worten ist eine Struktur wie (15) von vornherein ausgeschlossen:

(15)

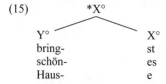

Entsprechend wurde vor diesem Hintergrund (11) zu (16) verschärft (vgl. Olsen 1990a):

(16) Morphologischer Kopf
      Der morphologische Kopf einer komplexen Wortstruktur ist das am
      weitesten rechts stehende Element, das eine Wortartmarkierung trägt.

Die Idee des morphologischen Kopfes als semantischer Kern eines komplexen Wortes lässt sich auch mit der Idee der Vererbung von grammatischer Information und der Argumente im Besonderen in Einklang bringen. Aufgrund von (12) und (13) folgt insbesondere, dass der morphologische Kopf seine Eigenschaften an das komplexe Wort vererbt. Diese Eigenschaften werden dann vom Kopf an das WB-Produkt nach oben gereicht, projiziert. Vor diesem Hinter-grund erkennt man die Gründe für die Ungrammatikalität von (14a) oder (15): In (14a) gäbe es im Prinzip zwei Kandidaten für den Status des Kopfes und in (15) kann das Wortartmerkmal nicht von rechts projiziert werden, da es dort nicht zur Verfügung steht.

Bei Köpfen von Rektionskomposita ist mit einem spezifischen Projektionsmechanismus zu rechnen, den man bereits an den Beispielen (42) und (43) in Kapitel 2.7 erkennen kann. Dort wird im Falle von *Übersetzung* das Wortartmerkmal vom Kopf *-ung* auf den komplexen Kopf projiziert. Die Argumente des Ausgangsverbs *übersetz__* kommen jedoch (wegen Argumentvererbung) vom links stehenden verbalen Kopf. Danach projizieren alle Merkmale von diesem nominalen Kopf *Übersetzung* weiter nach oben (bis prinzipiell alle Merkmale abgearbeitet werden).

Die Idee des morphologischen Kopfes wird sprachübergreifend benutzt (insbesondere ist sie in den kognitiven Ansätzen sehr verbreitet). Auch typologisch verschiedene Sprachen können darauf zurückgreifen, indem man annimmt, dass der Kopf sprachtypologisch bestimmt rechts *oder* links stehen kann (anders gesagt: die Position des Kopfes ist parametrisiert). So wäre etwa im Französischen dem deutschen rechtsköpfigen Kompositum *Waschmaschine* entsprechende Konstruktion linksköpfig:

(17)

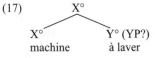

Wenn wir die Struktur der Flexionsdaten in (15) im Sinne von (16) modifizieren würden, dann wären die beiden Strukturen virtuell identisch, was einmal mehr die Wichtigkeit des Kopfbegriffes vor Augen führt.

Wir kommen nun zurück zu den Präfixverben. Vor dem Hintergrund des vorgestellten Kopfbegriffs haben wir prinzipiell zwei Möglichkeiten, den als problematisch angesehenen denominalen Präfixverben gerecht zu werden. Praktisch gesprochen geht es dabei um eine Wahl zwischen verschiedenen möglichen Strukturierungen eines WB-Produkts, vgl. (18) für das Verb *bestuhlen* als Beispiel:

(18) a. [bestuhl $_V$]en   b. [[be $_V$]+[stuhl $_N$] $_V$]en   c. be- [[stuhl $_N$] $\varnothing$ $_V$]en

Klarheit besteht darüber, dass *bestuhl__* ein Verb sein muss, zumal das Flexionssuffix *-en* mit der Basis vereinbar sein muss, vgl. (18a). Unklar ist jedoch, welche der Strukturen aus (18b) und (18c) eine bessere Auslegung der Daten erlaubt. (18b) kommt ohne leere Kategorie aus und zeigt, dass das Nomen *stuhl* die Basis der Wortbildung darstellt. Diese wird durch *be-*, eine verbale Kategorie, in ein Verb überführt. In diesem Fall funktioniert *be-* eindeutig als Kopf der Wortbildung, etwa entgegen von (11) oder (16). Diese Lösung wird von Eisenberg (2006) befürwortet und charakterisiert generell alle dependenztheoretischen Ansätze (Rechtsköpfigkeit ist dort auch nicht postuliert). Die gleiche Analyse gilt in jenem Rahmen für die oben diskutierten Präfixverben mit *durch-*, *über-* und *um-*.

Eine Struktur wie (18c) wird in den kognitiv-generativen Ansätzen verteidigt. Sie geht davon aus, dass das Basisnomen *stuhl* zu-

nächst durch ein Nullmorphem verbalisiert wird und erst dann Präfigierung eingeht. Dafür sprechen Daten wie *besuch__*, *bekomm__*
oder *befolg__* die zeigen, dass *be-* nicht kategorienverändernd ist
und zu Verben tritt. Hier verhält es sich nicht als Kopf. Für die denominalen Fälle müsste man folglich im Sinne von Eisenberg
(2006) ein zweites *be*-Präfix annehmen, das Kopfeigenschaften
aufweist. Dieses Szenario erscheint eher unwahrscheinlich (vgl.
auch das zum *ge*-Präfix Gesagte in Kapitel 3.1 oben). Ein zweiter
Vorteil von (18c) besteht darin, dass die vorgeschlagene Analyse
auf andere denominale Verben der Art *zauber__* oder *lager__* aus-
gedehnt werden kann und Rückbildungen generell einheitlich behandeln lässt (im Sinne von 16).

Obwohl leere Köpfe empirisch schwer motivierbar sind und ihre
Anwendung offenlässt, inwieweit Nullmorphemableitung überhaupt
als Derivation gilt, werden sie in den kognitiv-generativen Ansätzen
extensiv gebraucht. Auf weitere Möglichkeiten ihrer Ver-wendung
werden wir in Kapitel 4 und 5 eingehen.

3.4 Partikelverbbildung

Partikelverben unterscheiden sich grundsätzlich von den oben be-
handelten Präfixverben. Man gewinnt einen ersten Eindruck von
den Unterschieden, wenn man die linke Erweiterungskategorie *Partikel* näher betrachtet.

Die Verbpartikel trägt den (Primär)Akzent im komplexen Wort.
Damit verbindet sich ihre zweite wichtige Eigenschaft der Trennbarkeit vom Stamm. Dadurch wird die Partikel syntaktisch relevant.
(Dies mag auch der Grund sein, weshalb sie viele andere Namen
aufweist, wie etwa trennbares Präfix oder Verbzusatz um zwei Beispiele zu nennen.) Diese Relevanz erkennt man daran, dass die Partikel im Satz eine andere Position einnehmen kann als der Verbstamm und dadurch zur Bildung des Satzrahmens beiträgt. Die semantische Zusammengehörigkeit von Partikel und Stamm bleibt
indes unangetastet. Daneben besitzt das Partikelverb auch morphologische Relevanz: Auch eine morphologische Trennung zwischen
Partikel und Verb liegt vor, vgl. *abbilden* vs. *abgebildet* und *abzu-
bilden*. Diese Eigenschaft korreliert auch damit, dass die Partikelverbbildung einfache Basen bevorzugt. Komplexe Basen gibt es nur
dann, wenn die Basis ein Präfixverb mit den Präfixen *be-*, *ver-* oder
ge- darstellt, vgl. *hinaufbemühen* oder *dazuverdienen* (eine Konstel-

lation Partikel+Partikel+Verb ist wegen der Akzentuierbarkeit von vornherein ausgeschlossen).

Alle Verbpartikeln haben homonyme Wortformen, die unterschiedlichen Wortklassen angehören, die wiederum die Relation der Partikeln zur Syntax unterstreicht. Die vielleicht wichtigste Korrelation besteht zu den homonymen Präfixverben mit *durch, über, um* und *unter,* deren Erstglieder auf die entsprechenden Präpositionen zurückgehen. Neben weiteren Präpositionen wie *an, auf* oder *zu* können Partikeln mit Adverbien wie etwa *hin, her* oder *dahin,* Adjektiven wie *frei, hoch* oder *fest* und auch mit Substantiven wie *preis* oder *teil* homonym sein. All diese Elemente dienen jedoch der syntaktischen Klammerbildung, sofern sie als Verbpartikel auftreten (die mit den Adverbien homonymen sind sogar vorfeldfähig).

Eine Bemerkung gebührt der Produktivität der unterschiedlichen Muster der Partikelverbbildung. Das am meisten produktive Muster ist ohne Zweifel die Verbindung mit Partikeln präpositionaler Herkunft, was auch die große Anzahl der involvierten Präpositionen (*ab, an, auf, aus, bei, durch, ein* (=in), *hinter, mit, nach, über, um, unter, vor, wider, zu*) nahe legt. Diese können umfangreiche Wortfamilien bilden. Im Bereich der adverbialen Erstglieder fällt insbesondere die Produktivität mit *her* und *hin* auf, welche auch in komplexen Formen wie *dahin, herein, vorher* oder *hinauf* und *herunter* überwiegen. Adjektivische Erstglieder scheinen in den produktivsten Fällen abstrakte Verben von einfachen Basen abzuleiten, vgl. *freisprechen, hochkrempeln* oder *fernsehen.* Besonderes Interesse verdienen dabei solche Partikelverben, die resultativ zu deuten sind (vgl. *blankputzen, fertigstellen* oder *schwarzärgern*), da sie eine Nähe zur Syntax aufweisen. Schließlich ergibt sich im Bereich der Partikelverben mit substantivischem Erstglied ein Zusammenspiel mehrerer Muster. Neben der eigentlichen Partikelverbbildung mit Erstgliedern wie *preis, teil* oder *statt,* die wohl als unproduktiv gelten, existieren eine Menge solcher Wortbildungsprodukte, die aufgrund von komplexen Substantiven zu entsprechenden Verben konvertiert wurden (vgl. *Brustschwimmen > brustschwimmen* oder *Marathon-lauf > marathonlauf__*), s. dazu weiter unten.

Wir können eine weitere Beschreibung der Partikelverben vornehmen, wobei ein Rückverweis auf die mit den Partikeln homomymen Kategorien als richtungsgebend erscheint. Es gibt eine große Breite an Bedeutungsvarianz im Falle der Partikeln, von der offensichtlichen Nähe zur Ausgangskategorie (vgl. *kleben* vs. *aufkleben,* wo die Partikel *auf* recht nahe zur Präposition steht) bis zur kompletten Entfernung von ihr (vgl. *laufen* vs. *anlaufen*). Eisenberg

(2006: 264ff.) stellt als Beispiel die präpositionalen Verbpartikeln aus. Er macht geltend, dass eine erste Gruppe von Partikelverben mit den Erstgliedern *an-* und *auf-* daran zu erkennen sind, dass ein regelrechter Bezug auf die Lokalität bei ihnen erscheint. Hier stehen also die Wortbildungsprodukte sehr nahe zu ihren jeweiligen Vorgängerkategorien, eine Beziehung, die man an Satzpaaren wie *Sie klebt den Zettel an die Wand* vs. *Sie klebt den Zettel an* ohne Weiteres erkennen kann.

Die offensichtliche Parallelität ist jedoch bei ihm nicht als eine Instanz der A-Vererbung zu deuten. Stattdessen motiviert er wie folgt die Idee der **Inkorporation**. Beim Übergang von der verbalen Konstruktion *kleben+an* zum komplexen Verb *ankleben* wird die Präposition *an* in das Verb *kleben* inkorporiert, es wird Teil eines anderen Wortes. Als Folge wird, wie im genannten Satzpaar, ein explizites Argument (das Lokativ-Argument *an die Wand*) beim Partikelverb implizit. Damit wird also vorausgesetzt, dass Basis- und Partikelverb grundsätzlich die gleiche Argumentstruktur aufweisen und folglich keine Argumentvererbung notwendig ist. Das Phänomen der Inkorporation trägt auf diese Weise der Nicht-Kopf-Eigenschaft der Partikeln Rechnung, die in der Modifizierung der Basis besteht. Argumentvererbung kann in diesem Sinne nur bei morphologischen Köpfen angenommen werden.

Aufgabe 5: Die angedeutete große Nähe der Verbpartikeln zu freien Morphemen könnte prinzipiell auch eine Einordnung der Partikelverben als Komposita rechtfertigen. Oder nicht? Finden Sie (mindestens) ein eindeutiges Argument für ihre Stellung als Derivate (für Hinweise können Sie Motsch (2004: 48ff.) konsultieren).

Aufgabe 6: Eisenberg (2006: 265) erwähnt in diesem Zusammenhang den Begriff Argumentsättigung. Recherchieren Sie zu diesem Begriff und versuchen Sie diesen mit der A-Vererbung zu verbinden.

Weitere Daten im Bereich der Partikelverben mit *an-*, insbesondere solche, die eine Dativergänzung nehmen können (vgl. *Sie näht der Puppe den Arm an*, sowie weitere Verben wie *anhängen, anlehnen, anbinden* etc.), zeigen jedoch eine größere Nähe zur Syntax, was eher für A-Vererbung spricht denn für Inkorporation. Darauf machen auch solche Konstruktionen aufmerksam, bei denen das angenommenerweise implizit gewordene Argument auch explizit erscheinen kann, vgl. *Sie klebt ihm einen falschen Bart an die Backe an* oder *Er malt ihm einen Flügel am Rücken an*.

Eine nächste Gruppe konstituieren dann solche *an*-Derivate, die weiter idiomatisiert sind. Bei diesen ist die Lokalität zwar in Spuren erkennbar als konstitutive Größe. Ein konkreter Bezug darauf ist jedoch oft nicht angebracht, vgl. den Satz *Er fuhr ihn am Heck an*. Hier besteht der große Unterschied zwischen Basis und Derivat nicht darin, dass etwa beim Letzteren das ursprünglich explizite Argument implizit wird. Vielmehr wird in solchen Fallen ein zusätzlicher Bedeutungsaspekt hinzugefügt, der den Anfang der Handlung andeutet (oft auch inchoativ genannt, vgl. Verben wie *anschnauzen, anstecken, anknabbern, ansingen, anmailen* etc.). Wenn in Sätzen verwendet, verhalten sich diese völlig parallel zu den *be*-präfigierten Verben in den Applikativkonstruktionen, vgl. *Die Maus knabbert am Käse* vs. *Die Maus knabbert den Käse an*.

Ähnliche Gruppen lassen sich ausmachen im Bereich der Partikelverbbildung mit *auf*-. Intransitive Partikelverben wie etwa *aufprallen, aufsitzen* oder *aufschlagen* zeigen dabei die ursprüngliche lokale Bedeutung von *auf*-, wenn ein Objekt mit einer parallel zur Erdoberfläche verlaufenden anderen Fläche in Kontakt kommt. Ein zweiter, lokaler Bedeutungsaspekt von *auf*- im Sinne von ‚auf einer Fläche liegend und senkrechte Form bildend' wird sichtbar bei den transitiven Verben wie *aufschichten, aufstapeln* oder *aufhäufen*. Hier scheint die Argumentstruktur der Basis mit der des Partikelverbs identisch zu sein. Die senkrechte Richtung ist in modifizierter Form ‚von unten nach oben' auch bei einer weiteren (sehr produktiven) Gruppe erkennbar, die einen breiten Raum für Metaphorisierungen bietet. Hierzu gehören Verben wie *aufbäumen, aufstehen, aufglühen* oder *aufpeitschen*, bei denen auch eine Interpretation durch die Bezugnahme auf eine der Aktionsarten denkbar ist.

Wir müssen hier auch darauf eingehen, dass Barz (2006: 711ff.) Inkorporation ein wenig anders sieht als Eisenberg (2006). Sie nimmt keinen Bezug auf Argumentvererbung und dem morphologischen Kopf wird in diesem Sinne auch keine besondere Distinktion zugeschrieben. Stattdessen geht sie davon aus, dass Inkorporation sowohl bei Präfix- als auch bei Partikelverben ein wesentliches Muster darstelle, das in beiden Fällen für die Umstrukturierung des Valenzrahmens (=der Argumentstruktur) und die Zuordnung einer Aktionsart verantwortlich sei. Letztere können auch die Beschaffenheit des inkorporierten Erstgliedes reflektieren. So bieten etwa inkorporierte Präpositionen neben ihrem ursprünglichen räumlich-zeitlichen Beitrag zur WB-Bedeutung einen breiten Rahmen für metaphorische Übertragungen in Richtung der Aktionsarten. Diese können dann unterschiedliche Aspekte des Verlaufs eines Geschehens andeuten. Um einige zu nennen: (a) Eintreten des Geschehens, vgl. *aufschreien, anfahren* oder *aufstöhnen*; (b) Ende des Geschehens, vgl. *aufessen, ausgliedern,* oder *abblühen*; (c) Intensivierung des Geschehens, vgl. *aufzeigen, abändern* oder *aufbäumen*; (d) Zurücknahme eines Geschehens, vgl. *abberufen, aufgeben* oder *abbestellen*. Das wesentliche Problem solcher Klassifizierungen ist aus unserer Sicht, dass sie als wenig systematisch erscheinen, d.h. man kann aus dem Vorhandensein einer vormaligen Präposition in einem Partikelverb nicht notwendigerweise auf seine rundweg typische Aktionsart schließen. Eine vollständige Klassifizierung nach Aktionsarten kann andererseits die Daten nicht vollständig erfassen.

Obwohl es ein generelles Merkmal der Partikelverben ist, dass sie eine Wechselbeziehung mit syntaktischen Strukturen aufweisen, ist diese recht unterschiedlich ausgeprägt. In morpho-semantischer Hinsicht liegt stets eine Modifizierung vor. Ein Überblick in Motsch (2012, Kap. 2, Unterkap. 3) zeigt etwa, dass Modifikation im engeren Sinne die aspektuell relevanten Veränderungen umfasst (7 Untergruppen), während Aktionsarten ihrerseits vier weitere Untergruppen bilden (Anfang, Ende, Punktualität und Phasen einer Handlung). Auch für den Fall der syntaktisch sichtbaren Argumentvererbung ist die Lage verzwickt: Sie betrifft (a) Einführung von neuen Argumentstellen (v.A. Thema und Ziel-Argumente, vgl. *lachen – auslachen* vs. *zwinkern – zuzwinkern*); (b) Umformung der A-Struktur (vgl. *bauen – vorbauen*) sowie (c) Lokalisierungen von typischen Argumenten (vgl. *steigen – einsteigen, sitzen – einsitzen, siedeln – übersiedeln, rücken – vorrücken* oder *laden – aufladen*). Kausativbildungen wie etwa *magern – abmagern, knacken – aufknacken* oder *trainieren – antrainieren* scheinen sonst wenig beachtet worden zu sein (vertreten mit 11 Untergruppen bei Motsch 2012), sie erfordern mehr Forschung.

Grundbegriffe: Präfixverb, Partikelverb, Rechtsköpfigkeit, morphologischer Kopf, Nullmorphem, endozentrisch, Starke lexikalistische Hypothese, Inkorporation

Weiterführende Literatur: Olsen (1991), Williams (1981), Motsch (2012), Fleischer & Barz (2007)

4. Zirkumfigierung

Wie in Kapitel 1 oben herausgestellt, gilt Zirkumfigierung als ein grundlegendes WB-Muster des Deutschen. Zirkumfixe werden dabei als eine Kombination aus Präfixen und Suffixen angesehen. Auf die Relevanz dieses Musters verweist die Tatsache, dass es Verben, Substantive und Adjektive ableiten kann. Die Beispiele in (1) geben einen Überblick über die relevanten Daten:

(1) a. besänftigen, begnadigen, beherzigen, verewigen, verherrlichen
     b. unausweichlich, unwegsam, entgeistert, unnahbar
     c. Gegeige, Gejammere, Gelaufe, Gezaubere

Die Basen von Verben nach dem Muster von (1a) sind entweder Nomina wie in *begnadigen* (*Gnade*) oder *beherzigen* (*Herz* und nicht *herzig*) oder Adjektive wie in *besänftigen* (*sanft*) oder *verewigen* (*ewig*). Typisch für die Zirkumfigierung ist es, dass Wortbildungsprodukte nicht als eine Folge von Suffigierung und Präfigierung gedeutet werden können, es gibt keine Verben *ewigen*, *sänftigen* oder *herrlichen*, die präfigiert werden könnten. Umgekehrt gibt es auch keine potenziellen Stämme der Art *begnad* oder *verherrlich* die zu Verben suffigiert würden. Dies trifft mit den nötigen Änderungen für zirkumfigierte Adjektive und Nomina gleichermaßen zu. Somit legen wir für (1a) grundsätzlich zwei Zirkumfixe fest: (a) *be...(ig)en* und (b) *ver...(ig)en*. Diese verbalen Muster sind im Wesentlichen unproduktiv (ein Zeichen hierfür ist auch der mögliche Umlaut).

Bei nichtnativen verbalen Basen kommt scheinbar die Zirkumfixvariante *ver...(is)ier(en)* vor. Dieser Schein trügt eindeutig. Verben wie *kalkulieren* oder *galoppieren* sind völlig wohlgeformt ohne eine weitere Präfigierung durch *ver-*. Dadurch entziehen sie sich auch nicht einer Analyse als Folge von Suffigierung und Präfigierung. In der Tat erfolgt bei solchen Daten keine Modifizierung des Stammes durch das Präfix und das Suffix zusammen (wie im Falle von Zirkumfixen). Vielmehr wird das fremdsuffigierte Verb durch das Präfix *ver-* weiter modifiziert und mit einem zusätzlichen Bedeutungsaspekt ausgestattet etwa im Sinne ,falsch, übertrieben', vgl. *vergaloppieren* oder *verkalkulieren*. Dieses WB-Muster (genauso wie die Ableitung auf *-(is)ier(en)*) ist hochproduktiv und zeigt die Grenzen einer Analyse als Zirkumfigierung.

Im Falle der adjektivischen Wortbildungsprodukte finden wir eine etwas größere Varianz an Zirkumfixen vor. Es gibt im Grunde genommen zwei Gruppen. Die erste umfasst solche, deren Erstglied das Präfix *un-* ist. Ihr Suffixglied ist variabel zwischen *-bar*, *-sam* und -*lich*. In der zweiten Gruppe liegt das feste Suffix -*t* vor, wobei das Präfixteil variabel ist, zwischen *ge-*, *be-*, *ent-* und *zer-*. Es ist leicht zu erkennen, dass diese Gruppe grundsätzlich solche Wortbildungsprodukte enthält, die homonym zu Partizipien sind (die Basen sind in der Regel Nomina, vgl. *bejahrt*, *genarbt* oder *zerspaltet*). Da aber die Bildung von Partizip II in den syntaktischen Bereich gehört, müssen wir für die relevanten Derivate eine Konversion (=Umkategorisierung) zum Adjektiv annehmen. Auch dieses Muster der Zirkumfigierung gilt jedoch als unproduktiv.

Somit bleibt als einzig hochproduktives Muster der Zirkumfigierung die Ableitung durch *ge...e* zu besprechen. Dem Muster selbst ist in der Forschung viel Aufmerksamkeit geschenkt worden, so dürften die wichtigen Punkte recht klar sein.

Vergleicht man Daten dieses Musters mit denen in Kap. 3.1 unter (5), ist eine Klärung der Basiskategorie notwendig. Während die Basen dort als nominal eingestuft werden konnten (und das Präfix zumindest in Spuren morphologische Kopfeigenschaften aufzuweisen schien), sind die Basen hier eindeutig als verbal anzusehen. Im Sinne der oben motivierten Definition von Zirkumfigierung ergibt sich: *jammere*, *zaubere* oder *laufe* sind keine möglichen Basen für eine *ge*-Präfigierung, und umgekehrt wären die *ge*-präfigierten Kandidaten ebenfalls keine möglichen Wörter des Deutschen (vgl. **Gezauber* oder **Gelauf*). Das Substantiv *Gegeige* könnte indes suggerieren (genauso wie *Gejammer* als vermeintliche Variante zu *Gejammere*), dass etwa *Geige* als Basis gelte. Dagegen spricht jedoch erstens, dass *Gegeige* kein Sammelbegriff von Geigen ist. Zweitens können wir argumentieren, dass der verbale Stamm klar ohne -*e*, als *geig__* zu notieren ist und folglich völlig kompatibel ist mit der Zirkumfixlesart *ge...e*. Dafür spricht aber auch die abgeleitete Bedeutung der WB-Produkte als ‚ständig etw. (auf irritierende Art und Weise) tun'. Diese rückt die *ge...e*-Zirkumfigierung in die Nähe der deverbalen Ableitungen auf -*(er)ei*. Die vorhandenen Varianten ohne -*e* sind in einer anderen Bedeutung lexikalisiert.

Ein generelles Problem bei den Zirkumfigierungen stellt die Frage nach der Köpfigkeit dieser Derivate dar. In den dependenztheoretischen Ansätzen etwa im Sinne von Eisenberg (2006) wird generell keine Rechtsköpfigkeit postuliert. Dadurch kann (und wird) dem Zweitglied des Zirkumfixes (sprich: -*e*) kein Kopfstatus zugeschrieben werden. Die Ableitung geschieht demnach durch die Hinzufügung der Sonderkategorie Zirkumfix zum Stamm, ohne den Kopfstatus des einen oder anderen Elementes festzulegen. Dies ist notwendig, weil *ge-* auch nicht eindeutig als Kopf anzusehen ist.

Sein Zwitterstatus ist daran zu sehen, dass es einerseits sehr stark phonologisch konditioniert ist: Es tritt zu Stämmen mit vorderem Anfangsvokal (weshalb hintere Initialvokale im Stamm umgelautet werden) und es kann auch nie betont werden. Andererseits bestimmt es das Geschlecht und den Flexionstyp des Derivats.

Kognitiv orientierte Ansätze versuchen demgegenüber, auch dieses Wortbildungsmuster mit der Rechtsköpfigkeit in Einklang zu bringen. Es wird geltend gemacht, dass das Suffixteil -e den Kopf darstellt und als solche den Verbalstamm nominalisiert (Wortart- und andere Merkmale werden bis zum obersten Kopf hochgereicht). Diese Auffassung führt zu einem hohen Grad an Interferenz mit solchen Daten, bei denen -e bereits in anderer Funktion belegt ist, vgl. *der Deutsche* oder *(die) Leuchte* bzw. die allgemeine Korrespondenz von -e mit femininen Substantiven.

Suffigierungen und Präfigierungen haben darüber hinaus eine, auch traditionell oft gewürdigte Gemeinsamkeit, die für Zirkumfigierungen nicht zutrifft. Dies betrifft die Eigenschaft, dass die Struktur der Derivate durch Binarität (sprich: binäre Verzweigung) analysiert werden kann. Die Zusammengehörigkeit von Präfix- und Suffixteil bei den Zirkumfigierungen, bzw. die Unmöglichkeit Letztere als Folge von Suffigierung und Präfigierung zu beschereiben, machen solch eine Analyse undenkbar. Man muss von dreifacher Verzweigung der Baumstrukturen ausgehen, da Zirkumfixe den Stamm zusammen modifizieren. Diese Tatsache unterstreicht einmal mehr die Einschätzung von Eisenberg (2006), dass Zirkumfigierungen einen Ausnahmestatus im System der Wortbildung des Deutschen haben. Es dürfte schließlich auch kein Zufall sein, dass sie nur durch ein einziges produktives Muster vertreten sind.

Eine Deutung im Sinne der Rechtsköpfigkeit kann gewöhnlich als Analysemittel für die restlichen (nicht mehr produktiven) Zirkumfigierungsdaten angewendet werden. Das führt zu weiteren wichtigen Einsichten. Deadjektivische Daten in (1a) zeigen zunächst ein spezielles Analyseproblem: Sofern etwa in *verewigen* oder *verherrlichen* die jeweiligen Stämme als *verewig__* und *verherrlich__* zu notieren sind, scheinen die präfixalen Erstglieder sich wie Köpfe zu verhalten. Das Wortbildungsmuster wäre demnach der Präfigierung zuzuordnen. Für eine Analyse als Zirkumfigierung bliebe jedoch eine weitere Möglichkeit. Man kann ein Nullmorphem als Suffixglied annehmen, so dass wir es mit einem Zirkumfix wie *ver...∅* zu tun hätten, wobei das Suffixteil auch kategorienverändernd sein sollte (um der Rechtsköpfigkeitsregel zu entsprechen). Die Alternative, für *verherrlich__* als Basis das Nomen *herr* anzunehmen und *ver...lich* als Zirkumfix festzulegen, greift aus zwei Gründen nicht. Es löst nicht das Kopfproblem für die Rechtsköpfigkeit und es widerspricht auch der inhaltlichen Paraphrase solcher Derivate. Im Falle von *verewig__* ließe sich solch eine Analyse auch nicht motivieren, zumal sie *ew* als Basis der Zirkumfixbildung nahelegen würde.

Es gilt anzumerken, dass die Annahme eines Nullmorphems als Zweitglied eines Zirkumfixes auch die *ge*-präfigierten Derivate in Kap 3.1 (vgl. die Beispiele in (5) dort) anders auslegen kann. Man könnte prinzipiell vor diesem Hintergrund argumentieren, dass nominale *ge*-Derivate grundsätzlich Zirkumfixbildungen darstellen, die durch *ge...Ø* abgeleitet sind. Insofern gäbe es auch keine nominale *ge*-Präfigierung. Das Nullmorphem wäre nach wie vor als Kopf anzusehen und Rechtsköpfigkeit gesichert. Dagegen spricht jedoch, dass (a) *ge-* in der Sprachgeschichte des Deutschen als sehr altes Präfix gehandelt wird; (b) die phonologischen Prozesse im Wort durch *ge-* angeleitet sind, was etwa bei Daten á la (1c) oben nicht der Fall ist und folglich (c) eine Parallelität zwischen *ge...Ø* und *ge...e* als empirisch unbegründet erscheint. Die nominalen *ge*-Derivate können indes als binäre Strukturen ausreichend gedeutet werden, so dass eine Analyse durch dreifache Verzweigung (im Sinne einer Zirkumfigierungsanalyse) eigentlich unerwünscht ist.

Weiterführende Literatur: Olsen (1990c) und dort genannte Literatur, referiert auch in Eisenberg (2006), zur Bedeutungskonstruktion von Zirkumfigierungen vgl. auch Dammel & Quindt (2016).

5. Grenzgänger

Neben den drei gut etablierten Derivationsarten gibt es eine Anzahl von kontrovers diskutierten Phänomenen, die oft als Grenzgänger oder als periphere Wortbildungsarten bezeichnet werden. Dies basiert auf der Vorstellung, dass man wohl einen Kernbereich der Derivationen identifizieren kann, der Kernbereiche der Grammatik reflektiert. Er soll die wesentlichen grammatischen Regularitäten und Gesetze für die jeweiligen Phänomene aufzeigen. Dieser Bereich ist jedoch oft nicht klar und zweifelsfrei abgrenzbar. Ihm steht eine Peripherie zur Seite, die einem hilft, (a) die Reichweite und die Grenzen der für den Kernbereich formulierten Regularitäten abzustecken und dadurch (b) neue Einsichten in den Funtionsmechanismen von Grammatiken zu gewinnen. Gerade dieses Potenzial macht die Grenzgänger theoretisch interessant. Einen solchen Bereich haben wir bereits in Kapitel 2.7 ausführlich besprochen, den Bereich Argumentvererbung. Dort ging es um die Wechselbeziehung der Derivation mit der Syntax und der Semantik der Derivate. Aber auch an vielen anderen Stellen der oben gemachten Ausführungen waren wir gezwungen, auf mögliche Störfälle hinzuweisen. Diese werden im vorliegenden Kapitel näher besprochen.

5.1 Zusammenbildung

Die Konstellation, die für diese Wortbildungsprodukte charakteristisch ist, setzt eine komplexe Struktur voraus, dessen Teile nicht selbstständig auftreten können. Die typischen Daten sind in (1) exemplifiziert:

(1) a. Vierbeiner, Dreiakter, Rechenschieber, Sechsachser
     b. vierzeilig, hellhörig, buntfarben, braunäugig, jungmädelhaft
     c. Grundsteinlegung, Apptithemmer, Machthaber, Inanspruchnahme

Man erkennt leicht, dass grundsätzlich zwei Zielkategorien abgeleitet werden, Nomina und Adjektive, vgl. (1a-b). Und mehr noch: Die Wortbildungsprodukte scheinen eine Verbindung zwischen komplexen Erstgliedern nominalen Charakters und bestimmten Suffixen darzustellen. Die komplexen Erstglieder wie etwa *vierbein*, *sechsachs* oder *buntfarb* sind jedoch nie selbstständig, sie können nicht eindeutig als Komposita eingeordnet werden.

Ein zweites Merkmal der Daten nach (1) ist, dass eine Analyse, die von den Suffixen ausgeht, auch zu Widersprüchen führt: Nomina wie etwa *achser*, *akter* oder *beiner* bzw. Adjektive wie *zeilig* oder *äugig* sind den erwähnten Erstgliedern ähnlich ungrammatisch. Überraschenderweise zeigt (1c) als Kontrast, dass diese Art von Diskrepanz eine größere Reichweite hat, sie kann auch im Bereich der Rektionskomposita sporadisch vorgefunden werden. Dies würde jedoch dort die herausgestellten Regularitäten für die Rektionskomposita konterkarieren (wie etwa Projektionsforderung bzw. Projektionsregularität).

Diese zwiespältige Situation hat zu einer extensiven Untersuchung der Zusammenbildungen in der Literatur geführt. Die links stehenden Erstglieder werden oft als gebundene Komposita analysiert, vgl. Höhle (1982) als ein erstes Beispiel. Eine solche Analyse läuft darauf hinaus, die Zusammenbildungen als eine besondere Art der Derivation zu bewerten. Die Besonderheit im Vergleich zu den klaren Derivationsfällen bestünde demnach darin, dass die Erstglieder gebundene Komposita sind (die dann „zusammen" suffigiert wird). Für die hier involvierten Suffixe wird man letztendlich eine zusätzliche Lesart annehmen müssen. Man könnte diese Vorstellung in einer Regel wie (2) ausdrücken:

(2) Die Regel der Zusammenbildung

$[Y + N]_N + [Aff]_{ADJ/N} \rightarrow [[Y+N]_N + [Aff]_{ADJ/N}]_{ADJ/N}$

(mit $Y \in \{N, ADJ, NUM\}$, $Aff \in \{-er, -ung, -ig, -isch, -lich, -en, -haft\}$)

Eine etwas andere Vorstellung wurde in Leser (1990) dargelegt. Er macht geltend, dass das, was wir als Zusammenbildung bezeichnen, eigentlich ein traditioneller Begriff für sechs unterschiedliche Wortbildungsmuster ist. Diese sind:

(a) der Typ *Appetithemmer*, der klar als Rektionskompositum gelesen wird (und als eine Instanz der Argumentvererbung gilt). Das komplexe Zweitglied solcher WB-Produkte (vgl. *Hemmer*) ist nach Leser (1990) immer selbstständig (etwa im Gegensatz zu Olsens (1986) Auffassung), auch unabhängig davon, ob/wie das geerbte Argument realisiert wird;

(b) der Typ *Rechenschieber*, der einen Fall für Lexikalisierung darstellt. Die Bedeutung des komplexen Wortes kann nicht mehr von der Bedeutung der Teile abgeleitet werden;

(c) der Typ *Machthaber*, als eine Instanz von Analogiebildung in einem lexikalischen Prozess. Die Analogie wird hier als Analogie zum Typ (a) verstanden. Ein lexikalischer Prozess ist deshalb notwendig, weil das Zweitglied *haber* nicht wohlgeformt ist, obwohl das Erstglied *macht* als Objekt (=Thema-Argument) des Basisverbs *haben* verstanden wird;

(d) der Typ *Bilderhänger*, der ein VAT-Basisverb mit einem Lokativ-Argument aufweist (s. Klasse (h) der Verben oben). Im Sinne der Argumentvererbung (vgl. die oben motivierte Projektionsregularität) kann nur das interne Argument (=Thema) innerhalb des Kompositums auftreten. Man erkennt hier einmal mehr, dass Leser (1990) eine Ähnlichkeit mit Typ (a) anstrebt;

(e) der Typ *Unfallfahrer*, der nach Leser (1990) immer eine intransitive Basis (=ein VA-Verb) aufweist, weshalb Erstglieder wie *unfall* nicht als Argumente von Zweitgliedern wie *fahrer* interpretiert werden können;

(f) der Typ *Muntermacher*, der ein zusammengesetztes Verb als Basis hat. Hier finden sich Fälle, wo die komplexen Basisformen wie etwa *muntermachen* als vernünftiges Verb nicht interpretierbar sind. Für diese wird eine lexikalische Reanalyseregel angenommen, die eine Verschmelzung von zwei lexikalischen Köpfen vorsieht. Dieser Komplex wird dann weiter nominalisiert durch *-er*.

Wie man sieht, hebt Leser (1990) darauf ab, eine Typologie aufgrund des verbalen Teils der WB-Produkte zu liefern. Die denominalen Fälle wie etwa *grün-äugig* sind nach ihm N+A-Zusammensetzungen, die eine Dissonanz zwischen morphologisch motivierter Konstituentenstruktur und semantischer Interpretation aufweisen. Obwohl *äugig* ein komplexes Morphem aus *aug_* (als Stamm für *Auge*) und *-ig* (als Suffix) darstellt, was man auch rein intuitiv identifizieren kann, ist dieses WB-Produkt semantisch nicht interpretierbar. Solche Fälle werden gewöhnlich als **Klammerparadoxa** bezeichnet. Tatsächlich charakterisiert das alle Zusammenbildungen, wie man an der einander widersprechenden Klammerung in (3) erkennen kann:

(3) a. [[appetit [hemm]] er]   b. [appetit [hemm [er]]]

Was die Produktivität von Zusammenbildungen betrifft, halten wir fest, dass die Typen (a-f) nicht gleich produktiv sind. Darauf verweist einerseits die häufige Berufung auf extra lexikalische Regeln wie etwa bei den Typen (b), (c) oder (f). Andererseits sind Argumentvererbungsfälle regulär, die hier auftretenden Zusammenbildungen sind unproduktiv. Diesen gegenüber sind die denominalen Fälle eindeutig produktiv.

Deskriptiv gesprochen unterscheiden sich *-er*-Derivate mit Rektions-Lesart auch erheblich untereinander, was das freie Vorkommen der Zweitkonstituente betrifft, und diese Eigenschaft hängt mit unterschiedlichen Grammatikalitätsgraden zusammen. Wir können drei Gruppen ausmachen, die geeignete Berührungspunkte mit Zusammenbildungen haben. Zur ersten Gruppe gehören Rektionskomposita wie *Wetterbeobachter*, die Argumente der Basis mit gleicher Grammatikalität kompositumsextern oder -intern realisieren, vgl. auch *Beobachter des Wetters*. Die zweite Gruppe umfasst solche Nomina, die nicht unbedingt die Selbstständigkeit des Zweitgliedes erlauben, vgl. *Bilderhänger* vs. **Hänger des Bildes*. Bei diesen ist situationsabhängig in manchen Fällen eine faktische Lesart möglich, vgl. *Hemmer des Appetits* (etwa im Kontext: *die Zigarette ist der beste Hemmer des Appetits, den ich kenne*). Schließlich finden wir in einer dritten Gruppe solche WB-Produkte, deren komplexe Zweitglieder auch dann interpretiert werden können, wenn sie allein stehen, allerdings mit einer anderen Bedeutung, vgl. *Arbeitgeber* vs. *Geber* oder *Uhrmacher* vs. *Macher*.

Die Tatsache, dass im Falle einer Verselbstständigung von Teilen einer Zusammenbildung immer das Suffix mit seiner ersten Linkserweiterung abgetrennt wird, spielt eine wichtige Rolle bei der Deutung von strukturellen Ambiguitäten. Prinzipiell kommen für die Zusammenbildungen die folgenden drei Strukturen in Frage:

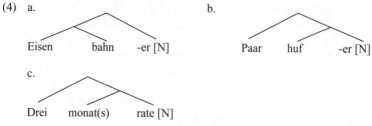

(4) a.

Eisen   bahn   -er [N]

b.

Paar   huf   -er [N]

c.

Drei   monat(s)   rate [N]

Im Baum (4a) ist das komplexe Erstglied *Eisenbahn* ein wohlgeformtes Wort, ein freies Kompositum. Dieses wird durch *-er* nominalisiert. Eine Zusammenführung von *bahn* und *-er* führt zu keinem möglichen Wort, die Struktur zeigt auch, dass sie nicht eine Konstituente bilden können. In (4c) hingegen, kann gerade das komplexe Zweitglied *monatsrate* selbstständig interpretiert werden. Umgekehrt ist kein komplexes Erstglied der Art *dreimonat(s)* möglich.

Der doppelt gestellten Bedingung der Uninterpretierbarkeit der Teile im Falle der Zusammenbildungen kann Struktur (4b) (die virtuell mit (4c) identisch ist) wie folgt gerecht werden. Die Betrachtung der Zusammenbildungen als eine Kombination von komplexen Erstgliedern und bestimmten Suffixen, führt zur Annahme des *-er*-Suffixes in der rechtsperipferen Position. Es verbindet sich als ergänzungsbedürftiges Element mit *huf*. Anders als in (4b), wo eine Komposition stattfindet, kann jedoch die Verbindung *huf+er* nicht gedeutet werden. Andererseits bildet in (4b) das Erstglied keine Konstituente, weshalb es keine interpretierbare Einheit darstellt (**paarhuf*). Die zuweilen verwendete Abtrennung der ersten suffigierten Konstituente erfolgt streng kontextabhängig wie etwa bei *Steller des Antrags* kontrastiv zum *Bearbeiter des Antrags* oder bei *Hufer* (einem potenziellen Wort) als Oberbegriff für *Paarhufer* und *Unpaarhufer*. Die einzige Besonderheit zur „normalen" Derivation besteht darin, dass das Wortbildungsprodukt der ersten Erweiterung im Allgemeinen semantisch nicht interpretiert werden kann. Vor diesem Hintergrund haben wir statt (2) eine Regel wie (5):

(5) Regel für Zusammenbildungen
[Y] + [N] + [Aff]$_{ADJ/N}$ → [Y+[N + [Aff]$_{ADJ/N}$]]$_{ADJ/N}$
(mit Y∈ {N, ADJ, NUM}, Aff∈ {*-er, -ung, -ig, -isch, -lich, -en, -haft*})

Die Uninterpretierbarkeit von Ersterweiterungen möge indes nicht grammatikalische, sondern konzeptuelle Gründe haben. Sofern nämlich Wortbedeutungen dadurch entstehen, dass Wörtern Konzepte zugewiesen werden (vgl. Rickheit 1993, Meibauer 1995 und Szigeti 2003), kann die Ungrammatikalität daran liegen, dass für die fraglichen Wortbildungsprodukte kein passendes Konzept vorhanden ist. Dieses kann jedoch durch den Kontext manchmal konstruiert werden.

5.2 Konversion

Der Status von Konversion innerhalb der Wortbildung ist umstritten. Die Mehrheit der Wortbildungstheorien betrachtet es als selbstständige Wortbildungsart neben Komposition und Derivation (vgl. Eichinger (2000) und Lohde (2006) als Beispiele). In Fleischer & Barz (2007) und Erben (2000) wird sie hingegen als implizite Derivation gehandelt, eine klare Unterart der Derivation. In Barz (2006: 668) erscheint sie wiederum als selbstständige Wortbildungsart. Motsch (2012) legt schließlich nahe, dass Konversion kein Wortbildungsmittel darstellt (so auch Szigeti 2015).

Wir fangen unsere Diskussion mit der gängigen Auffassung an, nach der Konversion eine Ableitung ohne sichtbares Wortbildungsmorphem darstellt. Die einschlägigen Daten werden in (6) und (7) klassifiziert (aufgrund von Szigeti 2015, vgl. dazu Wiese 2002):

(6) Konversion nach der engen Definition
   a. N-zu-V wie in *Geige > geige(n), Speicher > speicher(n),*
      Gras > gras(en)
   b. A-zu-V wie in *locker > locker(n), kurz > kürz(en), grün > grün(en)*
   c. V-zu-N wie in *schla(en) > Schlaf, bind(en) > Band,*
      schau(en) > Schau
   d. A-zu-N wie in *fett > Fett, rot > Rot, hoch > Hoch*

(7) Weite Definition: zusätzlich zu (6) auch
   a. substantivierte Infinitive: *können > das Können, lesen > das Lesen*
   b. elliptische Adjektivkonstrukte wie *der faule (Student) > der Faule,*
      das schöne (Ding) > das Schöne (daran)
   c. adjektivische Partizipien: *bejahrt > (ein) bejahrter (Kollege)*

Die Aufstellung reflektiert auch die herkömmliche Unterscheidung zwischen lexikalischer Konversion und syntaktischer Transposition, vgl. (6a-d) vs. (7a-c) (s. dazu auch Altmann & Kemmerling 2000). Mit dieser Unterscheidung ist bereits eine Deutungsrichtung vorgegeben: Sofern Konversion als lexikalisch eingestuft wird, ist sie unmittelbar relevant für die Wortbildung (vgl. auch Valera 2014, wo Konversion als lexikalische Derivation herausgestellt wird). Demgegenüber macht die syntaktische Einordnung der Daten wie in (7) ihre Relevanz für die Wortbildung zumindest fraglich. Merkwürdigerweise sind jedoch die Wortbildungstypen nach (7) viel produktiver als solche in (6), was für ein syntaktisch verankertes Phänomen zwar als wenig aussagekräftig erscheint, die umstrittige Position von Konversion jedoch klar andeutet.

Wortbildungstechnisch gesprochen ist die Existenz einer Ableitungsbeziehung zwischen Basis und Wortbildungsprodukt der Angelpunkt für die Zuordnung zur Wortbildung. Eine solche Entscheidung basiert im Falle der Konversion auf dem Zusammenspiel zweier Kriterien: (a) der phonetisch-phonologisch gleichen Form und (b) der engen semantischen Verwandschaft der Ausgangs- und Zielkategorie. Dies vorausgesetzt ergibt sich wiederum die merkwürdige Situation, dass die Erfüllung der Kriterien (also die Bestimmung der Ableitungsrichtung) für Daten á la (7) viel klarer ist als für die in (6). Da nun Ableitungsrichtungen festgelegt werden können, führt dies dazu, dass Konversionsprodukte trotz fehlendem Ableitungsmorphem als mehr komplex gelten denn ihre Basen.

Eine Möglichkeit, Konversion als Wortbildungsmittel gerecht zu werden, besteht darin, eine Nullmorphemanalyse im Sinne der Rechtsköpfigkeit durchzuführen (etwa aufgrund von Olsen 1990b). In (8) stehen drei charakteristische Daten:

(8)   a. $[[\text{geige }_N]\ \varnothing\ _V]$ b. $[[\text{locker }_A]\ \varnothing\ _V]$ c. $[[\text{schlaf\_ }_V]\ \varnothing\ _N]$

Man sieht ein, dass einem Nullmorpheme dieser Art helfen, Konversion als Derivation durch Nullmorphem zu etablieren (vgl. hierzu auch Bergenholtz & Mugdan 2000). Dadurch wird Konversion der oben, in Kap. 3.3 motivierten Rechtsköpfigkeitsregel Folge leisten. Eine ähnliche Analyse kann in der Folge auch für andere, normalerweise problematische WB-Phänomene motiviert werden, vgl. beispielsweise die Analyse der Phrasenkomposita in Kap. 5.4 unten.

An diesem reizvollen Ansatz zur Deutung der Konversionen kann nur eins richtig sein, nämlich dass er so nicht stimmen kann. Grundsätzliche Probleme mit einer Nullmorphemanalyse sind zunächst theoretischer Natur. So müssten für (8) grundsätzlich drei unterschiedliche Nullmorpheme angenommen werden, setzt man die Kompatibilität eines Derivationsmorphems mit der Basis voraus. Nimmt man hierzu, dass andere Nullelemente für andere Arten der Derivation angenommen werden können (wie dies übrigens oben oft genug angedeutet wurde), führt das zu einer enormen Erweiterung an Nullkategorien, die ohnehin empirisch schwer motivierbar sind.

Eine Alternative zur Nullmorphemanalyse von Konversion stellt die Hypothese der kategorialen Indeterminanz (vgl. Don & Trommelen & Zonneveld (2000) aufgrund von Mugdan & Bergenholtz 1979) dar. Sie macht geltend, dass Wurzelmorpheme grundsätzlich nicht wortartgebunden sind, sondern sie verfügen simultan über alle, möglichen Wortartmarkierungen, vgl. (9):

(9)   [locker $_{N/V/A}$]

In (9) finden wir die Basis *locker* vor, die simultan als nominal, verbal und adjektivisch spezifiziert ist (man könnte theoretisch auch andere Wortartmerkmale hinzufügen, je nach dem, welche Wortartkategorien überhaupt angenommen werden). Welches der vorhandenen Wortartmerkmalen im konkreten Fall gewählt wird, hängt vom jeweiligen Verwendungskontext ab. So kann etwa Komparation zu *lockerer* nur mit der Wortart Adjektiv kompatibel sein und das Suffix -*er* instanziiert daher diese Lesart. Auf ähnliche Art und Weise kommt die verbale Lesart zum Tragen: Das Verbalflexiv -*n* qualifiziert die Basis als Verb. Die Idee, dass das hinzugefügte Element potenziell als Kopf fungiert, ist jedoch durch weitere Regeln zu spezifizieren. Eine dieser Regeln sollte sichern, dass *locker* nie nominal sein kann. Tatsächlich wird dadurch eine große Menge an zusätzlichen Regeln notwendig, wollte man bei jedem Wort die jeweils möglichen Lesarten (und nur diese) ableiten. Andererseits haben weitere Regeln dafür zu sorgen, dass nicht alle hinzugefügten Elemente gleich sind (vgl. die für Präfixe, Suffixe und Zirkumfixe geltenden Regularitäten).

Der konzeptuell-semantische Ansatz von Rickheit (1993) liefert eine weitere Deutungsmöglichkeit, die in Szigeti (2015) angedeutet wird. Konversion ist demnach die sprachsystematische Reflexion einer konzeptuellen Disposition, Wörtern der gleichen Form unterschiedliche (jedoch in einander eingebettete) Konzepte zuzuweisen. Wir erläutern diese Idee an Hand des Beispielpaars *locker* vs. *locker(n)*. Die Beiden haben folgende konzeptuelle Strukturen:

(10) locker
      syntakt kategorie: A
      sort index: a WERTUNG
      sem argumente: (x OBJEKT)
                           (y OBJEKT)
      sem bedingungen: thema x a
                           bezugsgröße y a

(11) locker(n)
      syntakt kategorie: V
      sort index: e HANDLUNG
      subkategorisierung: synt position: NPnom
                          sort index: z PERSON
                          kontext: aktor z e

                          synt position: NPakk
                          sort index: x OBJEKT
                          kontext: thema x e

                          synt position: NPpp
                          sort index: y OBJEKT
                          kontext: bezugsgröße y e
      sem bedingung: relation e WERTUNG

Wortkonzepte als konzeptuelle Charakterisierungen von Wörtern enthalten, wie in (10) und (11), (a) einen Hinweis auf die syntaktische Kategorie; (b) einen sortalen Index, der eine Zuordnung zu sparchunabhängigen, psychisch-ontologischen Kategorien darstellt (hier: kapitalisiert); (c) die Subkategorisierung (oder semantische Argumente) samt syntaktischer Kategorie, sortalem Index und kontextueller Information der Elemente, und (d) semantische Bedingungen als mögliche Hinweise zur Relation innerhalb von und mit anderen Konzepten. Somit ist *locker* als Adjektiv zu charakterisieren, das zwei semantische Argumente aufweist, die als Thema und Bezugsgröße zum sortalen Index WERTUNG fungieren: Wir bewerten etwas als locker inbezug auf eine Relation zwischen zwei Objekten. Das Wort *locker(n)* als Verb unterscheidet sich davon darin, dass die semantischen Argumente zu syntaktischen werden, bzw. dass eine Relation des Konzepts HANDLUNG zum Konzept WERTUNG festgelegt wird: Durch die Handlung einer Person bewerten wir etwas als locker. Es zeigt sich also, dass das adjektivische Konzept primär ist, was die Deutung der traditionellen Idee der Ableitungsrichtung ermöglicht.

Man kann nun vor diesem Hintergrund weitere konzeptuelle Charakterisierungen für Konversionspaare erstellen. Eine vollständige Beschreibung in diesem Sinne würde Konversion als Wortbildungsprozess überflüssig machen. Darüber hinaus können die Wortkonzepte für den jeweiligen Verwendungskontext aktualisiert werden, man nennt sie dann **Referenzkonzepte**, um dadurch prinzipiell Daten der weiten Definition in (7) gerecht zu werden. Das setzt weitere Forschung voraus.

5.3 Kürzungen

Kürzungen werden in der Regel nicht als Derivationen gehandelt. Dies mag einerseits daran liegen, dass diese Klasse recht heterogen ist: Sie umfasst neben **Akronymen**, vgl. (12a), und **Kurzwörtern** wie in (12b) auch **Abkürzungen**, vgl. (12c) (alle sind im Deutschen hochproduktiv):

(12) a. BMW, NATO, PKW   b. Cola, Kripo, Kumi, Lisa   c. Dr., Hg., ebd.

Andererseits haben sie alle zwei Gemeinsamkeiten. Sie weisen meistens kein sichtbares Affix der Derivation auf (wie Konversionen) und werden aus vorhandenem Wortmaterial ohne Veränderung der Wortart gebildet. Dies wurde oft auch für die nachstehenden Beispiele angenommen:

(13) Uni, Abi, Chauvi, Krimi, Sozi

Üblicherweise könnte man hier argumentieren, dass die Beispiele aus den Wörtern *Universität, Abitur, Chauvinist* etc. gebildet wurden und daher eindeutig als Kürzungen gehandelt werden sollten (vgl. Fleischer & Barz 1992). Bildungen wie in (13) stehen jedoch solche in (14) entgegen. (Beide Muster sind im heutigen Deutsch hochproduktiv und in der Jugendsprache bevorzugt.)

(14) a. Fundi, Hirni, Ami, Geili, Softi   b. Prolo, logo, Realo, Homo

Man sieht schnell ein, dass (13) und (14) nicht als Kürzungen unter einen Hut gebracht werden können, da für letztere nicht angenommen werden kann, dass *-i* oder *-o* Teile des Ausgangswortes gewesen wären. In (14b) haben wir sogar Wörter, die ursprünglich ein *-i* als Teil hatten, wie *logisch* für *logo* oder *Realist* für *Realo* und trotzdem ein *-o* in der Endform aufweisen. Dieses Szenario legt nun nahe, dass in Daten wie (13) und (14) *-i* und *-o* suffixartig substituiert werden (oder einfach hinzugefügt werden wie in *Geil-i* und *Soft-i*) und folglich die Wörter als Derivate anzusehen sind.

Derivate waren soweit dadurch charakterisiert, dass in ihnen ein Suffix einer wortartmäßig spezifizierten Basiskategorie hinzugefügt wurde. Dies trifft aber nur für eine kleine Anzahl der obigen Daten zu (á la *Geili* und *Softi*). Es ist jedoch undenkbar, für die große Mehrheit Basen in diesem Sinne zu finden. Féry (1997) hat für solche Daten eine erste Idee präsentiert, wie sie nach wie vor als Derivate analysiert werden können. Ihre Auffassung ist, dass *-i/-o*-Bildungen inbezug auf ihre Basen phonologisch konditioniert sind. Die Basis ist immer die maximal mögliche Erstsilbe im jeweiligen

Wort zu dem das -*i*/-*o*-Suffix tritt, wobei -*o* vorwiegend Konfixbasen bevorzugt.

In Köpcke (2002) wird die Frage der *i*-Derivation in einen weiten Kontext gestellt. Er unterscheidet vier große Klassen der *i*-Derivation je nach der Beschaffenheit des Partnerausdrucks, d.h. des Ausdrucks, aus dem die *i*-Form entstanden ist (eine fünfte Klasse ist ohne Partner), wobei eine ausgesprochen gut ausgeprägte Parallelität zu hypokoristischen Personennamen besteht, vgl. (15):

(15) a. Moni (<u>Moni</u>ka), Zivi (<u>Zivi</u>ldienstleistender)   (vgl. 13)
    b. Klaumi (<u>Klaus</u>-<u>Mi</u>chael), Stabi (<u>Stabi</u>bliothek)
    c. Daggi (<u>Dag</u>mar), Ami (<u>Ami</u>erikaner)   (vgl. 14a)
    d. Fritzi (Fritz), Blödi (blöd)   (vgl. 14a)

Die Kurzwörter in (15a) sind unisegmental, die in (15b) sind multisegmental (manchmal auch Kontamination genannt). In (15c) erscheint die eigentliche Kürzung mit der *i*-Suffigierung kombiniert, während in (15d) die Suffigierung an eine vollständige Wortform geschieht.

Als Erklärungsmodell schlägt Köpcke (2002) vor, ein bestimmtes Zielschema der *i*-Derivation festzulegen. Dieses geht von der Struktur des Trochäus aus, vgl. (16):

(16)

$$\varphi$$
$$\sigma^s \qquad \sigma^w$$

Wie man sieht, besteht ein Trochäus aus einer starken/betonten und einer schwachen/unbetonten Silbe (beide sind meistens offen). Diese scheint im Deutschen die unmarkierte Fußstruktur darzustellen (vgl. auch Wiese 1996a). Auch *i*-Wörter, die mehr als zwei Silben aufweisen, wie etwa *Azubi* oder *Anarchi*, berücksichtigen die obige Fußstruktur, indem sie nur eine minimale Abweichung von dieser darstellen, eine linke Erweiterung durch eine schwache/unbetonte Silbe (es wird also größtmögliche Ähnlichkeit mit (16) angestrebt, vgl. hierzu auch die bei -*tum*/-*schaft*-Suffigierung gemachten Aussagen oben). Weitere Elemente des verteidigten Zielschemas sind ein finales, unbetontes *i* (dessen Vorhandensein aus (16) folgt) sowie das maskuline Genus, das bei der großen Mehrheit der Bildungen vorliegt. Auch semantisch gesehen gibt es eine Gemeinsamkeit: *i*-Bildungen leiten Personenbezeichnungen mit hypokoristisch-pejorativen Konnotation ab. Diese vier Elemente konstituieren also das Zielschema, das die Ableitung der *i*-Wörter outputorientiert anleitet.

In Bezug auf den Status von *i* stellt Köpcke (2002) eine Skala mit den zwei Endpunkten minimale vs. maximale Ähnlichkeit von *i* zu den Derivationssuffixen auf. Die einzelnen *i*-Varianten von (15a-d) wertet er dann aufgrund der Merkmale ±Segmentierbarkeit, ±Genushomogenität und ±Bedeutungshomogenität aus. Er kommt zum Schluss, dass *i* in der Verwendung nach (15c) und insbesondere nach (15d) die größte Ähnlichkeit mit den Derivationssuffixen aufweist. Wir legen nahe, dass dies mit den nötigen Änderungen auch für *o* zutreffen dürfte.

Eine weitere, suffixartige Verwendung von *i* finden wir bei der Partikeldiminuierung vor, die in Wiese (2006) vorgestellt wird, vgl. relevante Daten wie etwa *Jaui* oder *Tschüssi*. Sie argumentiert, dass dieses Wortbildungsmuster das Ergebnis eines komplexen Zusammenspiels von Grammatik und Pragmatik ist. Die Grammatik legt fest, dass auch diese Derivate eine trochäische Struktur nach (16) anstreben. (Auch Wiese (2006) verweist übrigens auf einen hybriden Status von *i*: Sie konstatiert eine Rolle zwischen Kopf (wie in *Schmusi* oder *Schnurzi*) und Modifizierer (wie in *Tschaui* oder *Jau-i*), die einen weiteren Grund für die Besonderheiten der Derivate liefert.) Was den Bedeutungsbeitrag dieser Diminuierung betrifft, ist er als rein pragmatisch einzustufen. Während Diminutiva wie *-i* und *-chen* (vgl. *Mütterchen* oder *Mutti*) normalerweise einen semantischen Beitrag „Verkleinerung, Reduktion" mit sich bringen, lässt sich dieser bei der Partikeldiminuierung nicht beobachten. Dagegen liegt der richtige Beitrag in der Expressivität des Derivats. Sie hilft, das Muster des ursprünglich Nomina ableitenden *i*-Suffixes (vgl. V-zu-N wie *Blödi* oder N-zu-N wie *Fritzi* oder *Hirni*) auf die Klasse der (Gruß- und Antwort-) Partikeln zu übertragen. Die eindeutig pragmatische Motivation des WB-Musters bietet andererseits weitere Evidenz für den morphopragmatischen Bereich.

5.4   Phrasenkomposita und Derivation

Die bisherigen Ausführungen zu den Grenzgängern und zur Derivation im Allgemeinen haben immer die Wortgrenze vor Augen gehalten. Phänomene, die eine Relevanz über die Wortgrenze hinaus besaßen, haben wir extra behandelt. Ein Beispiel hierfür war die Wechselbeziehung zwischen kompositumsexterner und -interner Realisierung von geerbten Argumenten. Die zur Rechtsköpfigkeit gemachten Überlegungen in Kap. 3.3 haben sogar eine Voraussage, die wir dort nicht direkt angesprochen haben: Wortstrukturen sind immer durch Köpfe konstituiert, Einheiten größerer Komplexität sind in Wortstrukturen nicht zugelassen. Daten wie (17), die ge-

wöhnlich als Phrasenkomposita bezeichnet werden, sprechen jedoch gegen diese Voraussage, vgl.

(17) (der) Graue-Schläfen-Effekt, (der) Trimm-dich-Pfad, (die) Abgerechnet-
wird-am-Schluss-Taktik, (der) Vater-und-Sohn-Konflikt

Bereits eine rudimentäre Analyse von den Daten zeigt, dass sie in
der Regel einen rechts stehenden nominalen Kopf haben. Zwischen
diesem Kopf und dem mit ihm kongruierenden Artikel erscheint
eine Phrase, was diesem Wortbildungstyp den Namen geliefert hat.
Obwohl sie durchweg als Komposita gehandelt werden, bietet ihre
Analyse einerseits interessante Berührungspunkte mit den Konversionen. Andererseits zeigen sie als sog. periphere Wortbildungsmuster, wo die Grenzen der Wortbildung liegen und wie diese be-
schaffen sind.

In Lawrenz (1996) wird aufgrund der deskriptiven Beschreibung
von Ortner & Müller-Bollhagen et al. (1991) herausgestellt, dass
die Erstglieder volle Phrasen sein müssen. Dies wird in Meibauer
(2003) dahingehend präzisiert, dass er auch Determiniererphrasen
(DPs), also eine maximale Erweiterung von Nomina durch Modifizierer und Artikel, in Phrasenkomposita annimmt, vgl. Daten wie
die Der-schöne-Rheingau-Laberei, wo *Der-schöne-Rheingau* eben
diese Forderung erfüllt. (Wie man sieht, wird die Wortigkeit des
Phrasenkompositums auch durch die initiale Großschreibung angedeutet.) Er schränkt die Klasse der möglichen Phrasenkomposita
weiter ein, indem er folgende Daten auswertet (mit den Indizes für
die jeweilige Kongruenz):

(18) a. die [Schnell$\emptyset$-Service]-Garantie
      b. das [Kalter$_1$-Krieg$_1$]-Spektakel$_2$
      c. die [Brave$_2$-Kind$_1$]-Haltung$_2$

Die nicht-kongruenten Fälle wie (18a) scheiden als Phrasenkomposita aus, weil die Erstglieder möglicherweise keine Phrasen, sondern normale A+N-Komposita (=Wörter) sind. Diesen gegenüber
zeigt der kopfkongruente Fall á la (18c) einen problematischen
Wortstatus, da eine Referenz auf Teile eines Wortes nicht erlaubt
ist/ sein soll (= **Hypothese der lexikalischen Integrität**). Demnach
verbleiben nur Beispiele nach (18b) als wohlgeformte Phrasenkomposita.

Und nun zu den Deutungsversuchen, deren es mehrere gibt. Eine
erste Idee zur Deutung wurde bereits in Kap. 3.3, Bsp. (17) vorgegeben: Phrasen sollen innerhalb von Wortstrukturen möglich sein,
wodurch eine Erweiterung der syntaktischen Regeln zur Bildung
von Phrasen entsteht. Dies führt in letzter Konsequenz zur vollstän-

digen Einbeziehung der Morphologie in die Syntax, wie etwa in Lieber (1992) vorgeschlagen. Dieser Ansatz wurde in der Folge als syntaktische Morphologie bezeichnet.

Andere Ansätze führen die Deutung der Phrasenkomposita auf Konversion zurück. Gallmann (1990) schlägt vor, dass jeder beliebige Sprachausschnitt in ein Nomen konvertiert werden kann, eine Regel, die auch Phrasenkomposita ableiten kann: Die phrasalen Erstglieder würden demnach als konvertierte Nomina anzusehen und Phrasenkomposita als WB-Produkte von N+N-Komposition zu betrachten. Dagegen wird berechtigterweise eingewendet (vgl. Meibauer 2003: 164), dass (a) die Größe 'beliebiger Sprachausschnitt' inkorrekt für eine sprachliche Regel sei und nicht nur volle Phrasen meinen kann, und (b) eine Konversion der Erstglieder zu Nomina empirisch als unbegründet erscheint, zumal die Parallelitäten solcher Erstglieder mit anderen Nomina der N+N-Komposition nicht ausgeprägt sind. Der verwandte Ansatz von Wiese (1996b) unterscheidet sich hiervon nur darin, dass die phrasalen Erstglieder (bei ihm nur NPs) als Zitate angesehen werden und als solche zu Nomina konvertiert werden. Dadurch ist die interne Strukturierung der Erstglieder unsichtbar für die Morphologie (sie „sieht" nur das konvertierte Nomen) und die Syntax (sie „sieht" nur das gesamte Kompositum als Wort). (Wir lassen es dahingestellt, dass eine solche Auffassung auch Daten wie (18a) oder (18c) zuließe.) Die Idee hilft, die Nachteile des Gallmannschen Ansatzes zu vermeiden, sie handelt jedoch andere Probleme ein. Das wesentliche Gegenargument hebt auf die Stellung des Zitates ab. Erstens treffe die Größe 'Zitat' im angesprochenen Sinn nur für satzartige Phrasen zu, andere Phrasen verhalten sich jedoch unterschiedlich (insbesondere NPs, PPs usw.). Manche sind sogar eher als lexikalisierte Konstruktionen denn als Zitate anzusehen. Zweitens bleibt unklar, welchen Stellenwert Zitate in diesem Wortbildungsmodell aufweisen.

Pafel (2015) weitet diese Analyse aus, indem er die Konversionsanalyse mit den verschiedenen Formen der Zitate ('quotes' und 'citations') und den angesprochenen lexikalisierten Erstgliedern der Phrasenkomposita in Einklang zu bringen versucht. Er macht geltend, dass (a) XP-zu-N-Konversion von Zitaten ein generelles Verfahren von Zitatstheorie reflektiert, die (b) mit der Distribution der phrasalen Erstglieder im Einklang steht, und folglich (c) Phrasenkomposita als N+N-Komposition analysieren lässt. Für die lexikalisierten Erstglieder (vgl. etwa das Beispiel *Zwischen-den-Zeilen-Widerstand*, wo das Erstglied *Zwischen-den-Zeilen* als lexikalisert angesehen wird) nimmt er an, dass diese in gebundene Erstglieder umgewandelt werden. Dieser Ansatz hat den Vorteil, dass er ohne weiteren Annahmen für die Beschaffenheit der Grenzen zwischen Morphologie und Syntax aufkommt: Sie interagieren als unabhägige Systeme.

Die obige kurze Diskussion zeigt, dass weder die rein morphologisch noch die nur syntaktisch motivierten Ansätze in der Lage sind, eine hieb- und stichfeste Deutung der Phrasenkomposita zu liefern. Es empfiehlt sich daher auf gemischte Ansätze auszuweichen. Im konkreten Fall plädiert Meibauer (2003) für einen (optimalitätstheoretisch motivierten) Ansatz, in dem Syntax und Morphologie im Wettbewerb stehen. Dieser basiert auf einem Papier von Ackema & Neeleman (2001), der später weiter ausgebaut wurde zu Ackema & Neeleman (2004). Demnach kann ein Derivationsprozess zwischen der syntaktischen und der mophologischen Komponente der Grammatik geteilt werden. So startet die Ableitung der Phrasenkomposita in der morphologischen Komponente und fügt in der Phrasenposition lexikalisierte Konstruktionen ein, sofern sie vorhanden sind. Ist keine passende Konstruktion vorhanden, muss die Derivation in die Syntax wechseln und von dort eine neu konstruierte Phrase eingefügt bekommen. Diese Einfügung fällt unter den Wirkungsbereich einer Generalisierten Einsetzungsregel (Engl.: Generalized Insertion), die in Ackema & Neeleman (2004: 89ff.) konstruiert wurde, und zulässt, dass Phrasen in Kopfstrukturen eingefügt werden können.

Eine weitere Bemerkung gebührt der Frage, inwieweit die Ableitung von Phrasenkomposita als marginal (oder peripher) angesehen werden kann. Meibauer (2007a) argumentiert, dass sie vor dem Hintergrund von Ackema & Neeleman (2004) theoretisch nicht als marginal gelten sollte. Andererseits bieten Phrasenkomposita wesentliche Anhaltspunkte für die Wechselbeziehung zwischen Morphologie und Pragmatik (=Morphopragmatik). Ad hoc gebildete Phrasenkomposita sind sehr expressiv (witzig) und können einfach verstanden werden. Sie erfüllen dadurch ein wesentliches Kriterium von marginaler Morphologie. Expressivität und Witzigkeit können pragmatisch gedeutet werden. Meibauer (2007a) zeigt, dass diese Eigenschaften auf einen Konflikt zwischen zwei pragmatisch hochmotivierten Prinzipien, dem I-Prinzip und dem Q-Prinzip zurückgehen. Das I-Prinzip setzt die Minimalisierung des Gesagten voraus, die jedoch von Hörerseite angereichert werden muss, um eine der Situation entsprechende, spezifische Interpretation zu erzielen. Diesem gegenüber fordert das Q-Prinzip, dass jede gegebene Information bereits maximal spezifisch ist (was von der Hörerseite auch angenommen wird). Im Falle der Phrasenkomposita zeigt sich aufgrund von Tests, dass Expressivität und Witzigkeit sowohl im Kontext als auch in Separation höher ist, als bei konkurrierenden Ausdrücken. Damit wurde auch nachgewiesen, dass morphologische Phänomene pragmatisch relevant sein können, was zusätzliche Evidenz für den Bereich Morphopragmatik liefert.

Grundbegriffe: Zusammenbildung, Klammerparadoxa, Acronym, Abkürzung, Partikeldiminuierung, Wortkonzept, Referenzkonzept, Hypothese der lexikalischen Integrität, Generalisierte Einsetzungsregel, Q-Prinzip, I-Prinzip

Weiterführende Literatur: Leser (1990) ist ein Klassiker zu den Zusammenbildungen; zur Relevanz der trochäischen Fußstruktur vgl. Wiese (1996a) und Eisenberg (2006), Kap. 4.; zu Zielschemata für Kürzungen vgl. Ronneberger-Sibold (1995) und dort genannte Literatur, zu den Kurzformen generell Rothstein (2010); zur Relevanz der konzeptuellen Struktur für die Wortbildung s. Rickheit (1993); zu weiteren Aspekten von Phrasenkomposita s. Lawrenz (2006); über die Beschaffenheit der Grenze zwischen Morphologie und Syntax gibt Borer (1998) einen ersten Überblick, eine Aktualisierung hierfür durch Phrasenkomposita liefert Pafel (im Druck). Eine Anwendung von syntaktischer Morphologie fürs Deutsche stellt Siebert (1999/2015) dar.

6. Derivation im Lexikon

Wir haben in der Einleitung zu diesem Band darauf verwiesen, dass Derivation als Wortbildungsinstanz zweifelsohne Gegenstand der (Wortbildungs-) Morphologie ist. Es ist jedoch nicht unumstritten, welche Stellung der Morphologie selbst im Sprachsystem oder in einer Grammatik zukommt. Eine Antwort auf diese Frage beeinflusst wiederum, wie wir Derivation betrachten sollten. Es empfiehlt sich deshalb, einen Blick auf die unterschiedlichen Auffassungen zu werfen.

Die traditionell strukturalistische Auffassung hat angenommen, dass das Sprachsytem unterschiedliche Subsysteme ausweist, die Komponenten einer Grammatik konstituieren. Dementsprechend ist die Rede von Phonetik/Phonologie, Morphologie, Syntax, Semantik und Lexikon als Subssysteme und ihnen entsprechende Komponenten einer Grammatik. (Man beachte, dass diese bereits eine Erweiterung des klassischen Grammatikbegriffs darstellt, der nur Phnonologie (Lautliche Beschreibung), Morphologie (Beschreibung von Wortformen) und Syntax (Satzbeschreibung) als grammatische Bereiche angenommen hat.) Besonderes Interesse verdienen in unserem Zusammenhang Morphologie und Lexikon, weil beide grundsätzlich Wörter als Gegenstand haben. Auch ihre Relation zu einander und zu den anderen Komponenten spielt eine wichtige Rolle für uns, auf die Beziehung von Derivaten zu phnologischen und syntaktischen Regularitäten haben wir schließlich oben oft genug hingewiesen.

Die Beziehung zwischen Morphologie und Lexikon im Allgemeinen und die der Derivation (und der Wortbildung) und des Lexikons im Besonderen ist der Gegenstand vieler Abhandlungen gewesen (vgl. Kap. V. in Booij et al. (2000) dazu). Wir können sie an dieser Stelle nicht ausführlich besprechen. Wir beschränken uns daher darauf, den wohl einflussreichsten lexikalistischen Ansatz in Grundzügen anzusprechen und auf diese Weise seine Relevanz für die Derivation zu motivieren.

Im Sinne des **lexikalistischen Ansatzes** sind die Wörter einer Sprache im jeweiligen Lexikon enthalten (Lexikon[1]). Das Lexikon der Grammatik seinerseits stellt eine mentale Repräsentation des Wortschatzes dar (Lexikon[2]). Wörter werden nicht isoliert benutzt, sondern mit anderen Wörtern zusammen und in unterschiedlichen Sätzen. Daher muss ein Lexikon in diesem zweiten Sinne praktisch alle Informationen aufweisen, die für eine grammatisch korrekte Nutzung der Wörter notwendig sind.

Unsere bisherigen Überlegungen zur Derivation haben gezeigt, dass nicht alle Wörter gleich sind: Manche sind einfach (Simplizia), andere sind (ab und zu mehrfach) komplex. Wir halten hier an dem eingangs mehrfach motivierten Begriff des Stammes (und der Wurzeln) fest (zumal die Größe 'Wort' selbst schwierig zu definieren ist) und nehmen an, dass die Stämme wesentliche Elemente des Lexikons sind. Da Stämme per definitionem komplex sein können, nehmen wir dies auch für komplexe Stämme (wie z.B. WB-Produkte) an. Für den Fall der Derivate wird gewöhnlich eine weitere Annahme gemacht: Auch Affixe sind als selbstständige Elemente des Lexikons zu betrachten. Damit nun Stämme und Affixe miteinander verbunden werden (und nicht nur beziehungslos neben einander stehen), brauchen wir eine weitere Instanz des Lexikons. Die Affigierungsregeln setzen Stämme und Affixe in Beziehung aufgrund von entsprechender grammatischer Information (vgl. etwa Bsp. (5) in Kap 5.1 oben).

Einheiten des Lexikons sind in Form von Lexikoneinträgen repräsentiert. Ein Lexikoneintrag enthält jede grammatisch relevante Information über die entsprechende Einheit sowie pragmatische

Hinweise zu ihrer Benutzung. Wir geben ein Beispiel in (1) für den Verbstamm *erfind__* (zu ähnlichen Repräsentationen vgl. Olsen 1986, Kap. 3, bzw. Meibauer et al. 2007, Kap. 2.4).

(1) Lexikoneintrag für *erfind__*
    PHON: /ɐˈfɪnd/
    MORPH: starke Flexion
                Prät: erfand__, Part: erfund__
                Präfix *er*+Stamm *find__*
    SYN: V
                [NP1nom, NP2akk]
    SEM: Handlungsverb
                X (=NP1): Agens, Y (=NP2): Patiens
                ERFIND (x (y)) [Handlung derart, dass x y erfindet]
    PRAG: neutrales Register

Die phonologische Charakterisierung (=PHON) haben wir in (1) vereinfacht dargestellt, indem wir eine einfache Transkription des Verbstammes gegeben haben. Im Prinzip kann man hier je nach theoretischer Ausrichtung andere phonologische Information (wie etwa Fußstruktur) berücksichtigen. Eine morphologische Charakterisierung (=MORPH) enthält eine Zuordnung zur Flexionsklasse, sowie zusätzliche Information zu weiteren Stammformen und interner Stammstruktur. Syntaktisch (=SYN) charakterisiert man einen Stamm (oder eine andere Einheit des Lexikons), indem man ihm eine Wortklasse zuordnet und die notwendigen Ergänzungen für eine satzgerechte Benutzung auflistet. Die semantische Charakterisierung (=SEM) erfolgt durch drei wesentliche Eigenschaften. Erstens durch eine Zuordnung zu einer ontologischen Klasse, zweitens durch die semantische Charakterisierung der in der SYN bereits enthaltenen Argumente, und drittens, durch die Argumentstruktur selbst. Schließlich kann jede Lexikoneinheit auch pragmatisch charakterisiert werden (=PRAG), durch Hinweise auf den situativen Stellenwert ihrer Benutzung.

Aufgabe 1: In Kap. 2.7 wurden zehn Verbklassen motiviert. Sie können jetzt versuchen, exemplarisch jeweils einen (möglichst vollen) Lexikoneintrag für zwei Verben aus unterschiedlichen Klassen Ihrer Wahl zu erstellen.

Lexikoneinträge dieser Art können prinzipiell für jede Lexikoneinheit (Lexem) erstellt werden. Im Bereich der Affixe wird etwa für das deverbale -*er*-Suffix folgender (hier vereinfachter) Lexikoneintrag gelten (vgl. Meibauer et al. 2007):

(2) Lexikoneintrag für -er
     PHON: /ɐ/
     MORPH: maskulin, ∅-Plural
     SYN: Naf
                 [V__]
     SEM: Agens oder Instrument, das die V-Handlung ausführt
                 (Objekt oder Resultat der Handlung)
                 (X: Patiens vom Handlungsverb)
     PRAG: --

Nimmt man (1) und (2) zusammen, kann man eine Menge über das
Derivat *Erfinder* einerseits, und generell über die -er-Derivate andererseits sagen: Die morphologische Charakterisierung des Suffixes
legt Genus und Flexionsklasse des neuen Derivats fest. Aufgrund
von SYN verbindet sich -er mit Verben, wobei eine nähere syntaktische Charakterisierung des Verbs hier ausgespart bleibt. (Für die
denominalen Fälle müsste ein anderer Eintrag erstellt werden.)
Schließlich zeigt SEM, welche möglichen Lesarten die Hinzufügung von -er herleitet (Objekt- und Resultatslesart werden dabei
optional angedeutet). MORPH und SEM zusammen zeigen ein-
drucksvoll, wie man der Kopfeigenschaft des Suffixes gerecht werden kann. Gleichzeitig wird durch (2) klar, dass A-Vererbung
denkbar ist, da in SEM ein optionales Argument des Verbs angedeutet ist. Ein entsprechend fein spezifizierter Eintrag für -er könnte
also alle potenziellen -er-Derivate ableiten.
   Für das -ung-Suffix werden wir in der Folge einen (wiederum
vereinfachten) Eintrag wie in (3) ansetzen:

(3) Lexikoneintrag für -ung
     PHON: /ʊŋ/
     MORPH: feminin, EN: ∅-Plural, GN: Plural -en
     SYN: Naf
                 [V__]
     SEM: a. Ereignis/ Handlung
                 Ev ([AS des Basisverbs])
                 b. Gegenstand
                 R
     PRAG: --

Man beachte, dass die bei den -ung-Derivaten behandelte Argumentvererbung wie folgt gesichert sein soll. Das Suffix selegiert
einen Verbstamm mit einer vorhandenen Argumentstruktur (AS).
Diese wird beim Verb hier nicht angegeben, weil sie angenommenerweise in dem Eintrag des Basisverbs bereits spezifiziert wurde
(vgl. etwa SEM in (1) oben). (Wir lassen hier offen, wie ein Eintrag
wie (3) für die wenigen Bildungseinschränkungen, bzw. die anderen

Lesarten aufkommt.) Durch die Nominalisierung wird dem Derivat entweder das *Ev*-Argument (wegen Engl: event) oder das *R*-Argument (wegen Referenz) hinzugefügt, die ausdrücken sollen, dass (a) einerseits die Ereignislesart ausgelöst wird mit der Vererbung der gesamten AS des Basisverbs (Bsp.: *Erfindung des Schieß-pulvers durch die Chinesen*) oder (b) andererseits als Alternative ein Gegenstandsnomen entsteht ohne eigene AS (bis auf R, Bsp.: *Erfindung* als Gegenstand). Die runden Klammern deuten die Optionalität der Realisierung der geerbten Argumente beim Nomen an.

Aufgabe 2: Erstellen Sie einen möglichst vollständigen Lexikoneintrag für das deverbale *-bar*. Kommentieren Sie ihre Arbeit.

Zwei weitere Bemerkungen sind in diesem Zusammenhang angebracht. Die erste bezieht sich auf die Nullmorpheme: Auch sie können einen Lexikoneintrag der obigen Art haben. In diesem Fall wäre PHON selbstverständlich leer. In allen Konversionsfällen müßten wir für MORPH annehmen, dass neutrales Genus und Endungslosigkeit im Plural im Fall der Nomina festgehalten werden. In SYN wären nach wie vor eine affixale Kategorisierung und die jeweilige Basis anzugeben. Was SEM betrifft: Man beachte beispielsweise, dass *Lesen* und *les__* beide Handlungen sind. Semantisch wird durch das Nullmorphem eigentlich nichts hinzugefügt. Da diese Information bereits beim Verb vorliegt, dürfte sie nicht noch einmal wiederholt werden. In A-zu-V-Konversionen ist das hingegen anders. So wäre etwa *locker* als Zustand anzusehen, während *locker__* als Handlung gelte. Dadurch ist jedoch klar, dass zumindest eine Variante des Nullmorphems nur Handlungen ableitet. Für andere mögliche Varianten, wie Verbalisierung von Basissubstantiven (vgl. *zauber__*) oder die Konversion von Phrasenkomposita zu Nomina (im Sinne von Wiese 1996b) wäre dies allerdings unklar. PRAG muss in all diesen Fällen leer bleiben.

Zweitens wird die Füllung von PRAG in all jenen Fällen zum Tragen kommen, auf die wir oben als morphopragmatisch relevant hingewiesen haben. So könnte etwa der pragmatische Beitrag des Suffixes *-(er/el)ei* als spöttisch/abwertend charakterisiert werden. Die oben herausgestellte Witzigkeit und Expressivität von Phrasenkomposita und *i*-Derivaten könnte ebenfalls in PRAG vermerkt werden.

Wir kommen auf die Präfixe zu sprechen. Der wichtigste Punkt war bei diesen die Umstrukturierung der Argumentstruktur des Basisverbs. Die entsprechende Information wird dazu in SYN und SEM geliefert. In SYN wird zunächst die Kategorie 'Affix' festgehalten und die Beschaffenheit des Verbstammes, an die es treten kann. Beispielsweise wird hier ein Verbstamm wie *arbeit__* etwa für das Präfix *be-* vorkommen. Es wird jedoch aus unserer Sicht nicht die intransitive Variante von *arbeiten* (vgl. *Thomas arbeitet.*) als Basis genommen, sondern eine, die eine fakultative PP-Ergänzung aufweist (*arbeiten an etw.*). In SEM wird dann angegeben, dass diese PP-Ergänzung beim neuen Verb *bearbeit__* als Objekt (=Thema/Patiens) fungiert mit den entsprechenden morphologischen Markierungen, bzw. angedeutet, dass das Verb eine Handlung ausdrückt.

Etwas komplizierter erscheint die Handhabung der zweiten Lesart von *be-* als möglicher Kopf (für Daten wie *betisch__*). Genau genommen haben wir hier zwei Optionen. Die erste besteht darin, die nominale Basis *Tisch__* durch die Verbindung mit einem Nullmorphem zum Verbstamm *tisch__* zu konvertieren und diese im zweiten Schritt zu *betisch__* zu präfigieren. Im Lexikoneintrag des Nullmorphems wäre festgehalten, dass es eine kategoriale Veränderung hervorruft, während das Präfix den semantischen Beitrag 'mit etw. versehen' einbringen würde. Dadurch wären wesentliche Kopfeigenschaften zwischen dem Präfix und dem Nullmorphem geteilt. Die zweite Möglichkeit wäre, *be-* von vornherein als Kopf zu betrachten und alle kopfrelevanten Eigenschaften in seinem Eintrag zu spezifizieren. Dies hätte den Vorteil, dass wir weniger Nullmorphem-Einträge anzunehmen hätten.

Die lexikalistische Auffassung behandelt die Homonymie von einigen Präfixen mit entsprechenden Partikeln in Form von unterschiedlichen Lexikoneinträgen. So können etwa für *um* als Präfix und als Partikel (Bsp.: *umstellen*) zwei Einträge angenommen werden. MORPH und SYN der jeweiligen Einträge kommen für die Unterschiede auf: In MORPH wird die Trennbarkeit der Erstelemente festgehalten, während SYN die syntaktischen Besonderheiten enthält. Zusätzlich können in SEM die Bedeutungsunterschiede angedeutet werden.

Das einzig produktive Muster der Zirkumfigierung kann durch einen Lexikoneintrag für *ge...e* wie in (4) behandelt werden.

(4) Lexikoneintrag für *ge...e*
     PHON: /ɡə...ə/
     MORPH: neutral, ∅-Plural; Position: vor und nach Stamm
     SYN: Naf
                 [V__]
     SEM: (frequente) Handlung
     PRAG: pejorativ/abwertend

Ein Eintrag wie in (4) trägt unterschiedlichen Aspekten der Zirkumfigierung Rechnung. Aus dem generellen Verbot der Betonbarkeit
von Schwa-Silben folgt für PHON, dass *ge...e*-Zirkumfigierungen
immer stammbetont sind. Die Nicht-Pluralisierbarkeit der Derivate
steht im Einklang mit der in SEM angegebenen Bedeutung und
rückt die Zirkumfigierungsprodukte in die Nähe der Ereignisnomi-
nalisierungen durch *-ung*. Schließlich verweist die Charakterisierung in PRAG darauf, dass diese Derivate nicht dem normalen Re-
gister zugeordnet werden.

Weiterführende Literatur: Olsen (1986) liefert einen ersten Eindruck über
mögliche Theorien der Wortstruktur, bzw. die Stellung der Morphologie; Neuere Auffassungen werden in Aronoff (2000) und dort genannter Literatur vorgestellt; zur Definition des Wortes vgl. neben dem klassischen Werk von Di
Sciullo & Williams (1987) eine neuere Darstellung in Wurzel (2000); eine völlig neue Theorie der Derivate im Rahmen des lexikalischen Semantik vor all-
gemeinlinguistischem Hintergrund wird in Lieber (2004) vorgestellt.

Literatur

Eine ausführliche Bibliographie finden Sie unter www.kegli-online.de

Ackema, Peter & Neeleman, Ad (2001): Competition between syntax and
    morphology. In: Legendre, Geraldine et al. (Hgg.), 29-60.
Ackema, Peter & Neeleman, Ad (2004): Beyond morphology. Interface
    conditions on word formation. Oxford: Oxford University Press.
Alexiadou, Artemis (2014): Nominal derivation. In: Lieber, Rochelle &
    Štekauer, Pavol (Hgg.), 235-256.
Altmann, Hans & Kemmerling, Silke (2000): Wortbildung fürs Examen. Wies-
    baden: Westdeutscher Verlag.
Andersen, Henning (Hg.) (1995): Historical Linguistics 1993. Amsterdam:
    Benjamins.
Aronoff, Mark (2000): Morphology between lexicon and grammar. In: Booj,
    Geert et al. (Hgg.), 344-349.
Barz, Irmhild (2006): Wortbildung. In: Duden 4. Die Grammatik. Mannheim:
    Dudenverlag, 641-772.
Bergenholtz, Henning & Mugdan, Joachim (1979): „Ist Liebe primär?" Über
    Ableitung und Wortarten. In: Braun, Peter (Hg.), 339-354.

Bergenholtz, Henning & Mugdan, Joachim (2000): Nullelemente in der Morphologie. In: Booij, Geert et al. (Hgg.), 435-451.

Bierwisch, Manfred (1989): Event nominalization: Proposals and problems. In: Motsch, Wolfgang (Hg.), 1-73.

Bhatt, Christa (1991): Einführung in die Morphologie. Köln: Gabel.

Booij, Geert et al. (Hgg.) (2000): Morphology/Morphologie. Berlin: de Gruyter.

Booij, Geert & Lieber, Rochelle (2004): On the paradigmatic nature of affixal semantics in English and Dutch. In: Linguistics 42, 327-357.

Borer, Hagit (1998): Morphology and syntax. In: Spencer, Andrew & Zwicky, Arnold (Hgg.), 151-190.

Braun, Peter (Hg.) (1979): Deutsche Gegenwartssprache. München: Fink.

Dammel, Antje & Quindt, Olga (1996): How do evaluative derivational meanings arise? A bit of Geforsche and Forscherei. In: Finkbeiner, Rita et al. (Hgg.), 41-71.

Di Sciullo, Anne-Maria & Williams, Edwin (1987): On the definition of word. Cambridge, Mass.: The MIT Press.

Don, Jan, Trommelen, Mieke & Zonneveld, Wim (2000): Conversion and category indeterminacy. In: Booij, Geert et al. (Hgg.), 943-952.

Dressler, Wolfgang U. & Merlini-Barbaresi, Lavinia (1994): Morphopragmatics: Diminutives and intensifiers in Italian, German and other languages. Berlin: Mouton de Gruyter.

Duden 4 (2006): Die Grammatik. Mannheim: Dudenverlag.

Eisenberg, Peter (2006): Grundriss der deutschen Grammatik. Bd. 1: Das Wort. 3. Aufl. Stuttgart: Metzler.

Erben, Johannes (2000): Einführung in die deutsche Wortbildungslehre. 4. Aufl. Berlin: Schmidt.

Eschenlohr, Stefanie (1999): Vom Nomen zum Verb: Konversion, Präfigierung und Rückbildung im Deutschen. Hildesheim: Georg Olms.

Fábregas, Antonio (2014): Adjectival and adverbial derivation. In: Lieber, Rochelle & Štekauer, Pavol (Hgg.), 276-295.

Féry, Caroline (1997): Uni und Studis: die besten Wörter des Deutschen. In: Linguistische Berichte 172, 461-489.

Finkbeiner, Rita et al. (Hgg.) (2016): Pejoration. Amsterdam: John Benjamins.

Fleischer, Wolfgang & Barz, Irmhild (2007): Wortbildung der deutschen Gegenwartssprache. 3. Aufl. Tübingen: Niemeyer.

Fuhrhop, Nanna (1996): Fugenelemente. In: Lang, Ewald & Zifonun, Gisela (Hgg.), 525-550.

Gallmann, Peter (1990): Kategoriell komplexe Wortformen. Tübingen: Niemeyer.

Kaufmann, Ingrid & Stiebels, Barbara (Hgg.) (2002): More than words: A festschrift for Dieter Wunderlich. Berlin: Akademie Verlag.

Kiefer, Ferenc (1998): Morphology and pragmatics. In: Spencer, Andrew & Zwicky, Arnold (Hgg.), 272-279.

Kiefer, Ferenc (2004): Morphopragmatic phenomena in Hungarian. In: Acta Linguistica Hungarica 51, 325-349.

Köpcke, Klaus-Michael (2002): Die sogenannte i-Derivation in der deutschen Gegenwartssprache. Ein Fall für outputorientierte Wortbildung. In: Zeitschrift für germanistische Linguistik 30, 293-309.

Körtvélyessy, Lívia (2014): Evaluative derivation. In: Lieber, Rochelle & Štekauer, Pavol (Hgg.), 297-316.

Laalo, Klaus (2001): Diminutives in Finnish child-directed and child-speech: Morphopragmatic and morphophonemic aspects. In: Psychology of Language Communication 5/2, 71-80.

Lang, Ewald & Zifonun, Gisela (Hgg.) (1996): Deutsch – typologisch. Berlin: de Gruyter.

Lawrenz, Birgit (1996): Der Zwischen-den-Mahlzeiten-Imbiß und der Herren-der-Welt-Größenwahn: Aspekte der Struktur und Bildungsweise von Phrasenkomposita im Deutschen. In: Zeitschrift für germanistische Linguistik 24, 1-15.

Lawrenz, Birgit (2006): Moderne deutsche Wortbildung. Phrasale Wortbildung im Deutschen: Linguistische Untersuchung und sprachdidaktische Behandlung. Hamburg: Verlag Dr. Kovač.

Legendre, Geraldine et al. (Hgg.) (2001): Optimality-theoretic syntax. Cambridge, Mass.: MIT Press,

Leser, Martin (1990): Das Problem der Zusammenbildungen. Trier: WVT Wissenschaftlicher Verlag.

Lieber, Rochelle (1992): Deconstructing morphology: Word formation in syntactic theory. Chicago: Chicago University Press.

Lieber, Rochelle (2004): Morphology and lexical semantics. Cambridge: University Press.

Lieber, Rochelle & Štekauer, Pavol (Hgg.) (2014a): The Oxford handbook of derivational morphology. Oxford: Oxford University Press.

Lieber, Rochelle & Štekauer, Pavol (2014b): Introduction: The scope of the handbook. In: Lieber, Rochelle & Štekauer, Pavol (Hgg.), 3-9.

Lohde, Michael (2006): Wortbildung des modernen Deutschen. Tübingen: Gunter Narr.

Meibauer, Jörg (1995): Wortbildung und Kognition. Überlegungen zum deutschen -er-Suffix. In: Deutsche Sprache 23, 97-123.

Meibauer, Jörg (2003): Phrasenkomposita zwischen Wortsyntax und Lexikon. In: Zeitschrift für Sprachwissenschaft 22/2, 153-188.

Meibauer, Jörg (2007a): How marginal are phrasal compounds? Generalized insertion, expressivity, and I/Q-interaction. In: Morphology 17, 233-259.

Meibauer, Jörg (2013): Expressive compounds in German. In: Word Structure 6/1, 21-42.

Meibauer, Jörg et al. (2007): Einführung in die germanistische Linguistik. 2. aktualisierte Aufl. Stuttgart: Metzler.

Motsch, Wolfgang (Hg.) (1989): Wortstruktur und Satzstruktur. Berlin: Akademie der Wissenschaften der DDR.

Motsch, Wolfgang (2012): Deutsche Wortbildung in Grundzügen. 2. überarb. Auflage. Berlin: de Gruyter.

Olsen, Susan (1986): Wortbildung im Deutschen: Eine Einführung in die Theorie der Wortstruktur. Stuttgart: Kröner.

Olsen, Susan (1990a): Zur Suffigierung und Präfigierung im verbalen Bereich des Deutschen. In: Papiere zur Linguistik 42, 31-48.

Olsen, Susan (1990b): Konversion als kombinatorischer Wortbildungsprozeß. In: Linguistische Berichte 127, 185-216.

Olsen, Susan (1990c): *Ge*-Präfigierung im heutigen Deutsch. In: Beiträge zur Geschichte der deutschen Sprache und Literatur 113, 333-366.

Olsen, Susan (1991): Empty heads as the source of category change in word structure. In: Papiere zur Linguistik 44/45, 109-130.

Ortner, Lorelies et al. (1991): Deutsche Wortbildung. Typen und Tendenzen in der deutschen Gegenwartssprache. Vierter Hauptteil: Substantivkomposita. Berlin: de Gruyter.

Pafel, Jürgen (2015): Phrasal compounds are compatible with lexical integrity. In: Language Typology and Universals 68/3, 263-280.

Primus, Beatrice (2012): Semantische Rollen. Heidelberg: Universitätverlag Winter.

Rickheit, Mechtild (1993): Wortbildung. Grundlagen einer kognitiven Wortsemantik. Opladen: Westdeutscher Verlag.

Ronneberger-Sibold, Elke (1995): On different ways of optimizing the sound shape of words. In: Andersen, Henning (Hg.), 421-432.

Rothstein, Björn (2010): Was sind Kurzformen? In: Germanistische Mitteilungen 71, 49-69.

Schulte im Walde, Sabine (2003): Experiments on the automatic induction of German semantic verb classes. Diss., Universität Stuttgart. AIMS-Berichte 9/2.

Siebert, Susann (1999/2015): Wortbildung und Grammatik. Syntaktische Restriktionen in der Struktur komplexer Wörter. Tübingen: Niemeyer.

Spencer, Andrew & Zwicky, Arnold (Hgg.) (1998): Handbook of morphology. Oxford: Blackwell.

Szigeti, Imre (2002/2013): Nominalisierungen und Argumentvererbung im Deutschen und Ungarischen. Tübingen: Niemeyer.

Szigeti, Imre (2003): Neuere Theorien und Methoden der Wortbildung. In: Linguistik aus dem Ambrosianum 2, 23-46.

Szigeti, Imre (2015) Wortbildung und Kognition: Ist Konversion tatsächlich ein Wortbildungsmittel? In: Tóth, József (Hg.), 289-302.

Thieroff, Rolf et al. (Hrsg.) (2000): Deutsche Grammatik in Theorie und Praxis. Tübingen: Niemeyer.

Toman, Jindrich (1987): Wortsyntax. Eine Diskussion ausgewählter Probleme deutscher Wortbildung. Tübingen: Niemeyer.

Tóth, József (Hg.) (2015): Die Sprache und ihre Wissenschaft zwischen Tradition und Innovation. Berlin: Lang.

Valera, Salvador (2014): Conversion. In: Lieber, Rochelle & Štekauer, Pavol (Hgg.), 154-168.

Wiese, Heike (2006): Partikeldiminuierung im Deutschen. In: Sprachwissenschaft 31/4, 457-489.

Wiese, Richard (1996a): The phonology of German. Oxford: University Press.

Wiese, Richard (1996b): Phrasal compounds and the theory of word syntax. In: Linguistic Inquiry 27, 183-193.

Wiese, Richard (2002): A model of conversion in German. In: Kaufmann, Ingrid & Stiebels, Barbara (Hgg.), 47-67.

Williams, Edwin (1981): On the notions „lexically related" and „head of a word". In: Linguistic Inquiry 12/2, 245-274.

Wurzel, Wolfgang Ullrich (2000): Was ist ein Wort? In: Thieroff, Rolf et al. (Hgg.), 29-42.

Glossar

Affix: Oberbegriff für Präfixe, Suffixe und Zirkumfixe.

Agens: Semantische Rolle beim Verb für die handelnde Person.

Allomorph: Umgebungsbedingt vorkommende Morphemvariante, wie z.B. in *Hause* und *Häuser*.

Argumentstruktur: Die hierarchisch dargestellte Menge der notwendigen Ergänzungen (beim Verb, Nomen oder Adjektiv).

Blockierung (lexikalisch): Verbot der Bildung eines Derivats wegen eines bereits existierenden Wortes, z.B. **Breitheit* vs. *Breite*.

Derivat: Das Ergebnis eines Wortbildunsprozesses, das abgeleitete Wort.

Ereignisnominalisierung (EN): Ein Derivat, das eine Ereignis-Lesart aufweist, z.B. *Eroberung*.

Fuge, Fugenelement: Verbindungselemente zwischen Teilen von komplexen Wörtern, z.B. *ens* in *Menschenskind*.

Gegenstandsnominalisierung (GN): Ein Derivat, das eine Lesart als Gegenstand aufweist, vgl. *Die Erfindung liegt auf dem Tisch*.

Konfix: Gebundene Wortteile ohne Wortartmarkierung, die nicht flektiert werden können, z.B. *techn* in *technisch*.

Konversion: Wortbildungsmuster, das Derivate ohne sichtbarem Affix herleitet, z.B. *(das) Können*.

Lexikoneintrag: Einheit des Lexikons, in dem alle grammatischen und pragmatischen Informationen über ein Wort festgehalten werden.

Morphologischer Kopf: Das (am weitesten) rechts stehende Element in einem komplexen Wort mit einer Wortartmarkierung, z.B. *er* in *Erfinder* oder *bank* in *Schulbank*.

Morphopragmatik: Wissenschaft, die die Wechselbeziehungen zwischen Morphologie und Pragmatik erforscht.

Nullmorphem: Phonetisch leeres, aber morphologisch relevantes Element mit Affixeigenschaften, z.B. [[geige $_N$] $\varnothing$ $_V$]

Partikelverb: Komplexes Verb mit trennbarem Erstglied, vgl. *aussteigen, stieg aus* und *auszusteigen*.

potenzielles Wort: Ein Wort, das aufgrund eines Wortbildungsmusters zwar möglich, aber nicht (unbedingt) benutzt wird, z.B. *brennbar*.

Präfix: Wortbildungsmittel, das vor dem Stamm auftritt, z.B. *vor* in *vorkommen*.

Präfixverb: Komplexes Verb mit untrennbarem Erstglied, z.B. *entbinden*.

projizieren: Geerbte (oder inhärente) Information in einer Baumstruktur nach oben reichen.

Rechtsköpfigkeit: Hypothese, nach der alle komplexen Wörter einen rechts stehenden Kopf aufweisen.

Stamm: Grundeinheit, die als Basis für Flexion dient (und auch komplex sein kann), z.B. *entsorg* in *entsorgte* oder *Erfindung* in *Erfindungen*.

Suffix: Wortbildungsmittel, das nach dem Stamm steht, z.B. *nis* in *Erkenntnis*.

Thema/Patiens: Semantische Rolle beim Verb, die die Betroffenheit von der verbalen Handlung erfasst.

Wurzel: Die unflektierte, einfache (nicht komplexe) Grundform eines Wortes, z.B. *find* in *erfinden*.

Zirkumfix: Wortbildungsmittel, das den Stamm umgibt, z.B. *Ge...e* in *Gejammere*.

Sachregister